정해권 그리고 나의 고향 인천

그 길에 대한민국의 내일이 있다

정해권 지음

Yelim Publishing

Profile

■ 저자약력

정해권(丁海權)

인천대학교 경영학 학사졸업

인하대학교 정책대학원 행정학 석사졸업

인하대학교 대학원 행정학 박사과정

주요경력

(현) 대한민국시도의회의장협의회 사무총장

(현) 제9대 인천광역시의회 후반기 의장

(전) 민주평통자문회의 연수구 협의회 자문위원

(전) 국민의힘 인천광역시당 지역대표 전국위원

(전) 제9대 인천광역시의회 전반기 산업경제위원장

(전) 인천광역시 씨름협회 회장

(전) 인천지구 JC 지구회장

(전) 인천관광공사 비상임이사

(전) 한국청년회의소 연수원장

(전) 해병대 전우회 연수구 회장

(전) 연수구 복싱협회 수석부회장

(전) 신한국당 인천광역시당 청년연합 회장

(전) 한나라당 청년위원회 부위원장

(전) 새누리당 부대변인

(전) 자유한국당 인천광역시당 대변인

(전) 국민의힘 인천광역시당 전략기획위원장

내 고장 인천을 사랑합니다

인천은 많은 이들이 들어와 함께 사는 복합도시입니다. 저는 이 구성이 인천을 세계 10위권의 도시들과 견줄 잠재력으로 이끈다고 생각합니다. 동시에, 태어난 곳을 고향으로 말하려 망설이는 젊은 세대의 마음도 보았습니다. 제 후배 한 명은 인천에서 태어났지만 **"고향이 어디냐"**는 물음에 아버지의 고향인 충청남도를 먼저 말했습니다. 축적된 지역 서사가 짧다는 이유로, 혹은 언제든 서울로 떠날 수 있다는 계산 때문에, 인천을 잠시 거쳐 가는 도시로 오해하는 시선도 있었습니다.

또한, 인천에 대한부정적인 인식이나 낙인은 저 역시 매우 불쾌하게 느꼈습니다. 저는 그 낙인을 반박하는 근거를 현장에서 확인해 왔습니다. 인천은 텃새가 약하고, 지방에서 올라온 사람들이 사업을 시작하기 좋은 개방적 도시입니다.

Foreword

공항과 항만이 만든 물류의 리듬이 도시의 기회를 넓혔고, 다양한 출신의 사람들이 자신의 일을 걸고 도전할 수 있는 공간이라고 생각합니다. 인천을 이야기할 때 저는 바람을 먼저 떠올립니다. 서해에서 불어와 도심을 통과하는 바람은 소리로 남습니다. 공항 활주로의 낮은 웅음, 부두 크레인의 규칙적인 회전, 새벽 어시장의 짧은 호명. 그 소리는 이 도시가 움직이는 박자였습니다. 저는 그 박자를 의회 안으로 가져오려 애썼습니다. 의장실의 문을 넓게 열고, 정기 간담회와 정책 토론의 주기를 촘촘히 맞추어, 현장에서 올라온 말들을 문장과 조례의 문법으로 옮겼습니다. 이해가 부딪히되 사람이 다치지 않도록, 의견의 강도를 낮추고 논거의 선명도를 높이는 회의기술을 다듬었습니다.

회의록은 요약이 아니라 경로까지 남기고, 합의의 문장은 짧고 분명하게 적었습니다.

저의 한 시절을 형성한 문장이 있습니다. 1997년, 인천지구 JC 지구회장 재임 시절 세웠던 슬로건은 **"내 고장 인천을 사랑합시다"** 로 저는 그 말을 부평 캠프마켓 앞 비석에 새겼습니다. 그때의 다짐은 지금도 유효합니다. 사랑은 명사가 아니라 동사였습니다.

제가 사랑하는 고장 인천은 2023년 기준 GRDP 117조 원을 달성하였으며, 전국적인 저출생과 인구 감소 추세 속에서도 인천은 현재 인구 304만여 명을 기록하며, 대도시 가운데 유일하게 인구가 증가하는 도시로 자리매김하고 있습니다. 또한, 공항과 항만을 양손에 쥔 도시의 이점은 수출입 물동량과 관광, 글로벌 서비스업의 결절점을 만들며 산업의 다양성을 키우고 있습니다.

저는 인천이 대한민국의 **'두 번째 도시'**라는 자부심을 가져도 된다고 생각합니다. 부산과의 비교에서 우리가 뒤지는 것은 인구뿐이라는

인식 역시, 산업구조와 국제 연결성의 관점에서 새로 따져 볼 필요가 있습니다. 중요한 것은 순위가 아니라 방향입니다.

인천은 국제도시의 조건을 채워 가는 중이고, 그 과정에 시민의 삶이 동행하고 있습니다.

도시는 결국 사람입니다. 저는 젊은 세대에게 꼭 전하고 싶은 말이 있습니다. 하고 싶은 것을 다 해보되, **'노는'** 방식이 아니라 **'업(業)'**으로 걸어 보라는 권유입니다. 쉽게 접할 수 없는 분야에 자신을 던지는 시도는 도시의 경계를 넓히고 다채롭게 만듭니다. 인천은 그런 도전을 받아줄 그릇을 가졌습니다. 공항의 네트워크, 항만의 허브, 송도 · 청라 · 영

[출처: 내이버 블로그]

종으로 이어지는 국제업무 · 물류 · 관광의 축, 원도심의 재생과 문화의 복원 등 다양한 현장이 열려 있습니다.

인천은 누구나 와서 일할 수 있고, 누구나 자신의 일을 업으로 만들 수 있는 도시입니다.

애향심은 출생지가 아니라 경험의 축적에서 자랍니다. 저는 인천을 떠나지 않았습니다. 떠나지 못했기 때문이 아니라, 떠날 이유를 찾지 못했기 때문이었습니다. 인천의 바람과 빛, 사람들의 말과 손짓이 제게 남긴 감각이 저를 여기에 붙들었습니다. 저는 인천을 **'새 고향'**으로 삼은 분들을 수없이 만났습니다. 전입 신고서의 주소가 정착의 증거는 아니었습니다.

동네의 식당 이름을 자연스럽게 부르고, 아이의 학교 진학을 함께 고민하고, 비가 많이 오면 하수가 어떻게 도는지 걱정하는 마음이 고향의 다른 이름이었습니다. 그 마음이 모이면 도시의 자부심이 됩니다. 인천인이라는 자부심, 저는 그 말을 더 자주 꺼내고 싶습니다.

저와 의회의 존재하는 이유는 시민의 목소리에 응답하는 일입니다. 응답은 빠르기만 해서는 안 됩니다. 정확해야 하고, 지속되어야 합니다. 저는 앞으로도 회의의 경로를 공개하고, 합의의 근거를 남기며, 쟁점의 언어를 보존하겠습니다.

시민 여러분의 의견을 논리의 형식으로 바꾸고, 그 형식이 행정의 작동으로 이어지도록 의회의 기술을 더 단단히 하겠습니다. 약속의 문장을 늘리지 않고, 기록의 문장을 늘리겠습니다.

끝으로, 함께 부탁드립니다. 저와 동료 의원들은 시민들로부터 권한을 위임받은 **'대변자'**입니다. 대변자들이 제 역할을 하고 있는지, 가

까이에서 지켜봐 주십시오. 부족하면 꾸짖어 주시고, 옳다면 뒷받침해 주십시오.

의회가 시민의 엄정한 감시와 정확한 조언을 만날 때, 지방자치는 더 견고해집니다. 저는 대한민국시도의장협의회 사무총장이라는 새 역할에서도 인천의 경험을 전국의 표준으로 번역하고, 전국의 좋은 관행을 인천의 현장으로 가져오겠습니다.

1997년의 비석에 새겨진 문장을 다시 적겠습니다. **"내 고장 인천을 사랑합시다."** 사랑은 동사입니다. 저는 오늘도 그 동사를 현재형으로 씁니다. 바람이 불어오는 방향으로만 걷지 않고, 우리가 가야 할 방향으로 발을 옮기겠습니다.

인천이라는 이름은 짧지만, 그 안에 담긴 삶은 넓습니다. 그 넓음을 함께 채워 나가 주시기를 부탁드립니다.

인천광역시의회 의장

늘 곁에서 정 해 권 **드 림**

추천사

유정복

진심과 헌신의 정치인 정해권

존경하는 정해권 인천광역시의회 의장님의 자서전 출판을 진심으로 축하드립니다. 이 책은 한 정치인의 이야기를 넘어, 인천의 역사와 미래를 향한 뜨거운 헌신을 담은 소중한 기록입니다.

정해권 의장님의 삶과 정치 여정을 살펴보면, 언제나 그 중심에는 **'사람'**과 **'신뢰'**라는 확고한 가치가 자리합니다.

어린 시절 축현국민학교 밴드부 리더로 활동하며 책임감과 배려를 배웠고, 해병대와 한국청년회의소에서 극기, 인내, 헌신의 철학을 완성했습니다. 사업 실패와 정치적 시련 속에서도 결코 남을 탓하지 않고 다시 일어섰던 의장님의 삶은, 정치란 이기는 기술이 아니라 신뢰를 쌓는 과정이라는 깨달음을 전합니다.

정 의장님은 협치와 소통의 정치를 몸소 실천해 오셨습니다. 초선 의원으로 산업경제위원회 위원장을 맡아 원도심-신도심 격차 해소에 힘썼고, 노후 아파트 안전진단 기준 완화, 인천e음 예산 확보 등 시민 삶을 바꾸는 실질적인 성과를 이끌었습니다.

후반기 의장으로서는 **'협치'**를 **'연결'**이라 정의하며, 다수당의 힘보다 약자의 위치를 먼저 살피는 정치적 균형을 실천했습니다. **'일하는 의회'**를 위해 연구단체를 정책 협업 플랫폼으로 전환하고 정책지원관 제도를 정밀하게 활용하는 등, 시민 중심의 시스템과 절차를 남기는 리더십을 보여주었습니다.

인천시가 자랑하는 **'i+1억 드림'**, **'천원주택'** 같은 핵심 정책이 전국 1위 출생아 증가율이라는 놀라운 결실을 맺은 데는, 의장님과 의회의 적극적인 협력과 지지가 큰 역할을 했습니다. 또한 제물포 르네상스를 비롯한 미래 전략과 신설 자치구 출범을 통한 행정체제 개편 추진에서도 의장님의 선도적 역할은 빛을 발하고 있습니다.

의장님의 의정 철학인 **'연결 · 기억 · 당당함'**은 도시 행정에도 깊은 울림을 줍니다. 도시의 발전은 시스템을 남기고, 과정을 기록하며, 원칙을 지켜내는 리더가 있을 때 지속됩니다.

정해권 의장님은 조용하지만 확실하게, 눈에 보이지 않는 곳에서 시민 삶을 지탱하는 기반을 다져온 리더입니다.

저는 **"헌신과 책임, 그리고 끝까지 지켜내는 힘"**이라는 의장님의 좌우명이 앞으로도 인천을 더욱 단단하고 따뜻한 도시로 이끌 것이라 확신합니다.

이 책이 진심과 헌신의 정치가 무엇인지 다시금 생각하게 하는 귀한 이정표로, 시민과 인천이 함께 걸어온 길을 되돌아보는 소중한 기록으로 오래 남기를 바랍니다.

다시 한번 출판을 축하드리며, 정해권 의장님의 건승을 기원합니다. 감사합니다.

인천광역시장 **유 정 복**

추천사

도성훈

정해권 의장님의 자서전 출판을 진심으로 축하드립니다.

한 사람의 인생을 글로 남긴다는 것은 단순한 기록을 넘어, 그가 살아온 가치와 철학, 그리고 시대를 함께 살아온 사람들의 이야기를 세상과 나누는 일입니다. 오늘 그 뜻깊은 자리에 인천 교육공동체를 대표해 함께하게 되어 매우 뜻깊게 생각합니다.

정해권 의장님은 인천에서 태어나 인천에서 자라며, 이 도시의 바람과 바다, 그리고 사람 속에서 성장하신 분입니다. 어려운 환경에서도 약속을 지키고 책임을 다하는 삶, 그리고 공동체를 먼저 생각하는 자세는 의장님의 리더십의 뿌리가 되었습니다. 학창시절 밴드부 리더로 협력과 조화를 배웠고, 해병대와 청년회의소 활동을 통해 **'리더십은 타고나는 것이 아니라 다져지는 것'**임을 몸소 증명하셨습니다.

사업의 실패와 재기의 과정, 그리고 정치적 역경을 이겨낸 여정은 한 인간의 도전기를 넘어 **'약속과 신뢰의 정치'**를 향한 실천이었습니다.

특히 IMF 외환위기 속에서도 시민의 삶을 위한 책임을 놓지 않았던 의장님의 모습은, 정치가 권력의 수단이 아닌 **'신뢰의 연속'**이어야 함을 일깨워주었습니다.

의장님께서 걸어오신 길은 곧 **'시민 속에서 배우고, 시민과 함께 걷고, 시민을 위해 쓰는 길'**이었습니다. 이는 인천교육이 지향하는 **'읽걷쓰'** 교육과 깊이 닿아 있습니다. 삶을 통해 배우고(읽고), 현장에서 실천하며(걷고), 그것을 기록하고 나누는(쓰는) 자세 – 그것이야말로 시민정신이자 배움의 완성입니다.

정해권 의장님의 자서전은 그 철학의 생생한 현장 기록이라 할 수 있습니다.

정해권 의장님은 인천의 지역경제와 민생 회복을 위해 원도심·신도심의 격차 해소, 청년 일자리 확대, 중소기업 육성 등 구체적이고 실질적인 정책을 추진해 왔습니다. 또한 **'제물포 르네상스'**를 통한 도시 대전환 전략으로, GTX-D와 서울 5호선 연장, 영종국제도시 교통망 확충, 캠프마켓 개방 등 시민이 중심이 되는 인천의 미래를 구체적으로 설계하고 있습니다.

그 중심에는 언제나 **'연결과 협력의 리더십'**이 있었습니다. 의장님은 **'작동하는 절차를 넘기는 리더'**로서, 다수의 힘보다 약자의 목소리에 귀 기울이고, 권한보다 약속을 먼저 지키며, 경쟁보다 상생을 실천해 오셨습니다. 그것은 정치의 본질이 사람을 이롭게 하는 데 있다는 확고한 믿음에서 비롯된 것입니다.

오늘 이 자서전은 한 정치인의 인생사를 넘어, 인천이 읽고, 걷고, 쓰며 만들어 온 성장의 이야기이자, 자부심입니다.

'현실과 책임, 그리고 끝까지 지켜내는 힘'이라는 의장님의 뜻처럼, 이 책이 우리 모두에게 끝까지 포기하지 않는 시민의 정신과 희망의 힘을 일깨워 주리라 믿습니다.

정해권 의장님의 자서전 출판을 다시 한 번 축하드리며, 그 여정이 인천의 미래를 밝히는 또 하나의 등불이 되기를 바랍니다.

감사합니다.

인천광역시교육감 **도 성 훈**

추천사

윤 상 현

정해권 의장은 늘 같은 자리에 서 있는 사람이다. 그의 인생 여정은 성공과 좌절, 도전과 성찰의 연속이었지만, 단 한 번도 **'사람에 대한 믿음'**만큼은 흔들린 적이 없었다. 그는 화려한 언변보다 진심 어린 약속을 택했고, 그 약속을 끝까지 지켜내기 위해 자신을 혹독히 단련해 왔다. 인천에서 태어나 인천에서 성장한 그는 시민 한 사람 한 사람의 삶을 직접 보고 들으며, 지역이 발전하기 위해선 정치가 **'결정하는 힘'**이 아니라 **'지켜주는 힘'**이 되어야 한다는 걸 몸으로 깨달았다.

사업 실패, IMF 외환위기의 몰락, 낙선의 아픔, 가족과의 이별 등 이 모든 고비를 지나오며 그는 권력보다 신뢰, 명예보다 책임이 더 값지다는 것을 증명했다. 그가 말하는 **"연결 · 기억 · 당당함"**은 단순한 구호가 아니다. 사람을 잇고, 과정을 기록하며, 원칙을 지켜내는 정치 철학이다. 그의 인생은 실패를 딛고 다시 일어서는 한국 정치인의 희귀한 모델이자, 진심으로 일하는 지방정치의 새로운 교본이다. 정해권 의장은 말보다 행동으로 보여주는 사람이다. 그의 걸음 하나하나가 인천의 역사로 남고, 그의 리더십이 지방의회와 시민의 새로운 관계를 열어가고 있다. 이 책은 한 정치인의 인생 기록을 넘어, 우리 사회가 잃지 말아야 할 신뢰의 정치, 사람의 정치를 되돌아보게 하는 소중한 증언이다.

나는 동료 정치인으로서, 그리고 오랜 인천 사람으로서 정해권 의장의 신념과 용기에 진심 어린 경의를 표한다.

국회의원 **윤 상 현**(인천 동구미추홀갑)

Letter of Reference

추천사

박 종 진

정해권 의장은 끝까지 포기하지 않는 사람이다. 그의 삶을 들여다보면 **'위기'**라는 단어가 낯설지 않지만, 그는 매번 위기를 다시 출발의 계기로 바꾸어 왔다.

그가 가진 가장 큰 정치적 자산은 경험이 아니라, 쓰러져도 다시 일어나는 끈기와 신념의 힘이다.

정해권 의장은 단순한 지방정치인이 아니다. 그는 한국 지방정치의 패러다임을 바꾸고 있는 정책형 리더다. 의정 현장에서 늘 시민을 중심에 두고, **'일하는 의회'**와 **'정책의회'**를 현실로 만들기 위해 뛰었다. 그의 리더십은 표를 얻기 위한 정략이 아니라, 제도를 고치고 미래를 설계하려는 진심에서 비롯되었다. 그는 협치를 **'연결'**이라 말한다. 이 말은 한국 정치가 잊고 있는 가치다. 정당의 논리를 앞세우지 않고, 시민의 일상 속 문제를 해결하는 데 집중하는 정치, 그것이 바로 정해권 의장이 보여주는 정치의 품격이다. 이 책은 한 사람의 회고가 아니라, 지방정치의 현재와 미래를 관통하는 비전 선언문과 같다.

중앙집권적 구조 속에서도 지방의회의 자율성과 권한을 지키려는 그의 노력은 앞으로 대한민국이 나아가야 할 분권 정치의 실천적 모델로 기억될 것이다. 정해권 의장은 우리 당이 추구하는 책임 있는 보수, 실천하는 혁신의 상징이다. 그의 리더십이 앞으로도 인천을 넘어 대한민국의 지방자치를 이끄는 희망의 등불이 되기를 진심으로 기대한다.

국민의힘 인천광역시당위원장 **박 종 진**

Letter of Reference

추천사

황 우 여

정해권 의장을 오래 지켜보며 느낀 점은 하나입니다. 그는 어떤 시대에도 원칙을 잃지 않는 사람이라는 것입니다. 흔들림 많은 정치의 한가운데서도, 고향 인천을 위해 자신을 내어놓는 책임 있는 리더였습니다. 그의 삶은 화려함보다 성실과 약속을 지키는 힘으로 채워져 있습니다. IMF의 폭풍 속에서도 다시 일어섰던 끈기, 해외에서 접시를 닦고 여행 가이드로 뛰며 삶을 다시 열었던 그 집념은 많은 이들에게 깊은 울림을 줍니다. 실패가 있었지만 좌절은 없었고, 고난이 있었지만 원망은 없었습니다. 그는 그 모든 경험을 사람을 향한 정치, 약자를 놓치지 않는 정치로 바꾸어낸 사람이었습니다. 정 의장의 리더십은 힘이 아니라 연결과 협력으로 길을 만드는 정치입니다. 정당의 이해를 넘어 시민의 삶을 먼저 두는 그의 태도는 지방정치의 품격을 한 단계 끌어올렸다고 믿습니다.

이 책 **『정해권 그리고 나의 고향 인천』**은 한 정치인의 기록을 넘어, 한 인간이 어떻게 흔들리지 않는 마음을 지켜왔는지 보여주는 이야기입니다. 그리고 인천이 걸어온 길과 앞으로 나아갈 길을 비추는 한 권의 등불이기도 합니다. 그의 좌우명, **"헌신과 책임, 그리고 끝까지 지켜내는 힘"**은 그의 삶을 관통하는 문장이며 오늘의 인천 의정을 움직이는 기준입니다. 정해권 의장이 앞으로도 인천과 지방자치의 내일을 밝히는 데 큰 역할을 해주리라 기대합니다. 이 책이 많은 독자에게 용기와 따뜻한 성찰을 전하길 바랍니다.

전 부총리 겸 교육부 장관 **황 우 여**

Letter of Reference

추천사

이 길 여

〈소박하고 진솔한 리더의 가파른 여정〉

정해권 의장을 만날 때마다 느끼는 것은 **"소박하고 진솔한 리더"**라는 것이다. 그의 말은 화려하지 않지만, 진심이 배어있고, 걸음은 빠르지 않지만, 그 방향이 올곧고 명확하다. 살아온 길을 살펴보면, 성공보다 끝없는 **'성장'**을 지향하고, 늘 권력보다 **'사람'**의 편에 서서 일해 온 것을 느낀다.

그분이 자서전을 출간한다는 소식을 듣고 느낀 소회가 그렇다. 1984년 해병대에 입대해 혹독한 훈련 속에서도 끝까지 버티며, **"쓰러져도 다시 일어서라"**는 좌우명을 가슴 깊이 새겼다고 한다. 그 문장은 지금의 정해권 의장을 상징하는 한마디이기도 하다. 나는 순탄하게 성공한 사람보다, 실패를 딛고 일어서는 사람에게 더 마음이 간다. IMF 외환위기 속에서 큰 시련을 겪었지만, 그는 절망 대신 희망을 선택했다.

미국에서 접시를 닦고, 하와이와 태국 방콕에서 여행가이드로 일하며 다시 길을 찾았다.

마침내 방콕에서 손꼽히는 여행사를 일구어낸 그의 삶은 시련조차 성장의 밑거름으로 삼은 여정이었다.

그는 청년회의소(JC) 활동을 통해 많은 것을 깨달았다고 한다. 스스로 리더십은 타고나는 것이 아니라 훈련을 통해 만들어지는 것이며, 시민을 향한 헌신과 봉사로 승화되어야 한다는 점을 체득했다는 것이다. 그래서 언제나 조직보다 사람을 먼저 생각했고, 결과보다 과정을 중요시했다.

그런 신념이 결국 인천광역시의회 의장으로서 **'협치'**와 **'연결의 정치'**를 실현하는 원동력이 된게 아닐까? 그는 항상 스스로 되뇐다고 한다. **"넘어져도 일어서고, 사람을 잃지 말라."**

그런 의미에서 이 책은 평범한 자서전이 아니다. 굴곡진 삶 속에서도 사람을 잃지 않고, 넘어짐 속에서도 희망을 잃지 않은 한 인간의 기록이다.

그의 파란많은 여정은 청년들에게는 용기와 희망을, 공직자들에게는 성찰과 책임의 의미를 전해줄 것이다. 많은 이들에게 따뜻한 울림과 리더십의 전형이 되었으면 한다.

특히 그는 1963년 길병원 산부인과에서 태어나, 나와는 깊고 특별한 인연이 있다. 길병원에서 태어나 시민의 삶을 보듬는 리더로 성장한 그의 모습이 더욱 뜻깊게 다가온다.

정해권 의장이 앞으로도 시민의 곁에서 겸손하되 당당하게, 조용하되 강인하게 걸어가기를 진심으로 응원한다.

가천대학교 총장 · 가천길재단 회장 **이 길 여**(의학박사)

추천사

조명우

정해권 의장의 삶은 실패와 회복, 그리고 실천적 리더십의 역사로 이어집니다. 그의 여정은 화려한 정치적 출발이 아니라 현장의 땀과 사람의 온기 속에서 시작된 한 편의 인생 서사입니다.

인현동의 소년으로 자라 부모에게서 정직과 책임의 가치를 배운 그는 해병대에서 인내와 책임감을 단련하고, 청년회의소(JC)에서는 봉사의 의미를 깨달았습니다. 그는 조직의 질서보다 사람의 품격을 우선시했고, 지도자의 첫 번째 덕목을 신뢰와 약속의 실천에서 찾았습니다.

IMF라는 국가적 위기 속에서 사업의 몰락을 경험하고, 낯선 타국에서 다시 일어선 그의 이야기는 단순한 역경 극복의 서사가 아닙니다. 공동체의 아픔을 몸소 겪은 한 시민이 정치의 본질을 새롭게 정의해 나간 과정이었습니다.

이 경험을 통해 그는 **'경제는 곧 사람의 삶'**이라는 진리를 깨달았고, 정치는 그 삶의 무게를 함께 짊어지는 일임을 확신하게 되었습니다. 의정의 길에서도 그 정신은 이어졌습니다. 산업경제위원장으로서 인천의 산업구조를 미래형으로 재편하고, 원도심과 신도심의 균형발전을 실용적인 해법으로 풀어냈습니다.

GTX-B 원도심 정차역 문제 해결, 노후 아파트 안전진단 제도 개선, 청년 일자리 창출, 중소기업 혁신 지원 등은 모두 **'현장의 목소리를 제도화한 사례'**로 기억될 것입니다. 그의 정책은 행정의 언어가 아닌, 사람의 언어로 쓰인 경제정책이었습니다.

인하대는 개교 이래 **'실사구시(實事求是)'**의 정신으로 산업과 학문, 기술과 인간의 조화를 추구해 왔습니다.

정해권 의장이 보여준 실천적 리더십은 그 정신과 깊이 닮아 있습니다. 일하는 의회를 만들기 위해 의원 연구단체와 정책지원관 제도를 활성화하고, 조례와 현장을 연결하는 새로운 구조를 구축했습니다.

이러한 노력은 학문과 행정, 산업과 시민이 맞물릴 때 비로소 도시의 진보가 완성된다는 확신에서 비롯된 것이었습니다.

그의 정치철학 **'협치는 연결이다'**, 그리고 좌우명 **'헌신과 책임, 그리고 끝까지 지켜내는 힘'**은 인천을 넘어 대한민국 지방자치의 새로운 표준으로 자리하고 있습니다.

이 자서전은 한 정치인의 회고록을 넘어 시대와 도시, 산업과 인간이 함께 성장한 **'인천의 기록'**이며 실패 속에서도 겸손과 책임의 가치를 지켜온 한 인간의 진심 어린 발자취입니다. 그의 길은 오늘의 리더들에게 진정한 성실의 의미를 일깨워주는 귀한 이정표가 될 것 입니다.

인하대학교 총장 **조 명 우**

추 천 사

이 인 재

한 권의 책에는 한 사람의 인생과 철학이 담겨 있습니다. 정해권 의장의 자서전은 화려한 성공담이 아니라 신뢰의 가치를 지키며 걸어온 여정에 관한 이야기입니다.

책장을 넘기다 보면 **'정치인 정해권'** 이전에 **'인간 정해권'** 을 먼저 만나게 됩니다. 밴드부 리더로 동료와 호흡을 맞추던 어린 시절, 복싱 글러브를 끼고 인내를 배우던 소년의 모습에서 그의 리더십이 어디에서 시작되었는지 엿볼 수 있습니다. 특히 IMF 외환위기로 모든 것을 잃고 이국에서 접시를 닦으며 가족에 대한 책임을 되새겼던 시간, 그리고 낯선 땅에서 마주한 비극적인 사건 속에서 오히려 유가족에게 위로를 받으며 삶의 무게를 깨달았던 이야기는 오래도록 마음에 남습니다.

정해권 의장은 개인의 성취를 넘어 공동체의 발전으로 헌신을 확장해 왔습니다. 이 책에 잘 드러나 있듯이, 그는 의정활동 내내 시민의 생활을 실질적으로 향상시킨 많은 정책을 주도하였습니다.

또한 그가 시의회 의장으로서 보여준 **'협치'** 는 지방자치의 본질을 복원하고자 하는 그의 철학을 잘 보여줍니다. **'정치는 결과가 아니라 과정이며, 과정이 곧 신뢰다'**라는 그의 말에는 사람과 사람 사이의 신뢰를 쌓아온 그의 진심이 담겨 있습니다.이 책은 정치를 꿈꾸는 이들에게는 책임의 무게를, 인생의 갈림길에 선 청년들에게는 성실함의 가치를 일깨워 줄 것입니다. 출간을 진심으로 축하드리며, 많은 독자에게 따뜻한 울림으로 전해지기를 기대합니다.

인천대학교 총장 **이 인 재**

Contents

TABLE OF CONTENTS

Contents

목 차

정해권 그리고 나의 고향 인천

'인천'이라는 두 글자는 나에게 단순한 지명이 아니라, 나의 과거이자 오늘이고, 또 내일이다.

본서를 통해 지금까지 걸어 온 길을 돌아보며, 한 정치인의 기록을 넘어, 한 인간의 진심을 담으려고 합니다. 나의 좌우명, "헌신과 책임, 그리고 끝까지 지켜내는 힘" 을 항상 되세기며 인천의정에 최선을 다하고자합니다.

나의 뿌리 인천

도시의 심장, 그곳에서 시작된 나의 이야기

정직함과 따뜻함, 나의 청소년기

나의 첫 번째 스승, 해병대

나의 두 번째 스승, 한국청년회의소

그 길에 대한민국의 내일이 있다

정직한 아버지는 가정을 먼저 세우고, 집안의 기틀을 다진 다음에야 나를 세상에 불러주셨다. 기쁨은 책임 뒤에 오는 거고, 책임은 순서 위에 선다는 걸 나는 어려서부터 눈으로 배우고 몸으로 익혔다.

어머니는 한 문장으로 나를 세우셨다.

"정직하게 살아라." 그 말은 단순한 훈계가 아니었다. 내가 흔들릴 땐 등을 밀어주는 바람이었고, 내가 과할 땐 멈추게 하는 벽이었다.

[자유공원과 더글러스 맥아더 장군의 동상]

도시의 심장, 그곳에서 시작된 나의 이야기

새벽이면 바다 냄새가 골목 끝에서부터 얇게 스며들어, 고요하던 거리에 젖은 소금기를 남겼다. 사람들은 여전히 그 고개를 **'싸리재'**라 불렀고, 어둠이 걷히면 셔터가 하나둘 올라가며 먼지 섞인 빛이 골목을 메웠다. 그 향을 머금은 바람이 언덕을 타고 흘러 내려와, 자유공원 맥아더 장군 동상 아래 인현동을 감싸곤 했다.

겨울 끝자락의 찬 기운 위로 이른 봄의 숨결이 살짝 겹쳐오던 날, 나는 이길여 산부인과에서 이길여 회장님의 손길에 안겨 첫 울음을 터뜨렸다. 훗날 인천광역시의회 의장이 된 뒤, 그때의 감사함과 인연을 잊지 못해 마음을 액자에 담아 직접 전해드렸다.

[이길여 가천대학교 총장과 함께 찍은 사진]

내게 인천의 시작은 그렇게 따뜻한 손길과 바다의 향으로 남아 있다. 아버지의 하루는 가게 앞에 진열된 TV와 전축을 조용히 닦아내는 일에서 시작되곤 했다. 손끝으로 먼지를 털어내던 그 세심함과 정성은, 늘 약속을 지키고 원칙을 지켜온 아버지의 삶과 다르지 않았다. 그 질서가 아버지의 하루를 움직였고, 나는 그 모

습을 지켜보며 자랐다. 이렇게 정직한 아버지는 가정을 먼저 세우고, 집안의 기틀을 다진 다음에야 나를 세상에 불러주셨다. 기쁨은 책임 뒤에 오는 거고, 책임은 순서 위에 선다는 걸 나는 어려서부터 눈으로 배우고 몸으로 익혔다.

나는 자연스레 어른들 곁에 오래 서 있는 아이였다. 말보다 손짓이 먼저였고, 하루하루를 묵묵히 쌓아가는 모습 속에서 성실함이란 거창한 것이 아니라 눈앞의 일을 정직하게 해내는 힘이라는 것을 배웠다.

어머니는 한 문장으로 나를 세우셨다.

"정직하게 살아라." 그 말은 단순한 훈계가 아니었다.

내가 흔들릴 땐 등을 밀어주는 바람이었고, 내가 과할 땐 멈추게 하는 벽이었다. 학교 문제로 억울한 일이 있으면 치맛자락을 걷어붙이고 앞장서셨고, 돌아오는 길에는 늘 한마디를 덧붙이

[어린시절 아버지와 함께]

[어린시절 어머니와 함께]

셨다. **"오늘 있었던 말을 기록해 두어라."** 덕분에 항상 무슨 일이 생기면 기록하는 습관을 갖게 되었고, 부족한 부분을 채워나가며 성장할 수 있는 사람이 됐다.

나는 이런 부모님이 늘 자랑스러웠고, 집안의 기틀을 잡을 수 있었던 부모님의 생활력을 닮고 싶었다. 다만, 맨주먹으로 자수성가한 부모님의 생활력에 다다르지 못했음을 오래 인정했다. 하지만 한 가지, 기준만큼은 절대 낮추지 않기로 했다.

약속을 먼저 지키고, 기록을 정확히 하여, 책임을 끝까지 지키는 것이다. 내 삶의 순서는 그때부터 지금까지 단 한 번도 바뀐 적이 없다. 그래서인지 지금도 일을 시작할 때 나는 먼저 우선순위를 세우고, 직접 경험하며, 신용을 드리는 걸 최우선으로 한다. 부모님에게 배운 생활의 질서가 오늘 내 정치 활동의 질서가 됐다.

[동인천역 2대 역사 1955년 준공 1987년 철거]

내가 몸담은 인현동은 늘 분주했다. 나는 인현동과 함께 성장했다.

동인천역 앞 광장은 거대한 심장처럼 끊임없이 버스를 내뿜고 다시 사람들을 빨아들였다. 차창이 열릴 때마다 매캐한 매연과 구운 밤 냄새가 뒤섞였고, 버스 종소리와 차장의 고함이 광장에 겹겹이 울렸다. 노선표에 따라 사람들의 하루는 갈라졌다가 다시 모였고, 각기 다른 얼굴의 사연들이 그 자리에서 교차했다. 어떤 날엔 지하도 공사 펜스가 세워져 길이 막혔고, 길이 바뀌면 사람들의 발걸음과 생활의 노선도 함께 달라졌다.

애관극장의 간판은 계절처럼 교체됐고, 나는 그 글자들의 색과 빛깔에서 도시의 기분을 읽었다. 대동학생백화점 앞에 모인 학생들은 서로의 책가방과 신발, 그리고 속삭이는 꿈을 비교하며 웃음을 터뜨렸다. 그 활기 속에서 살아왔던 지난날을 잊지 못한다.

[대한민국에 현존하는 가장 오래된 영화관 인천의 애관극장]

[대동학생백화점]

그 무렵 어른들 입에서 자주 흘러나오던 단어가 있었다.

"인천 도시계획 5개년 계획" 어린 나는 그 뜻을 온전히 이해하진 못했다. 하지만 거리의 길이가 조금 더 멀어지고, 광장이 조금 더 넓어지고, 가게 간판이 한층 높아지고, 버스 정류장이 다른 자리를 찾는 모습 속에서 도시가 앞으로 나아가고 있다는 사실만큼은 분명히 느낄 수 있었다.

눈앞에서 변해가는 풍경이 곧 계획의 또 다른 이름이었다.

자유공원에서 불어오는 바람은 아침마다 골목의 잠을 가장 먼저 흔들어 깨웠다. 바람결 속에는 흙냄새와 함께 갓 구운 빵 냄새, 그리고 아직 젖은 교과서 종이 냄새가 섞여 있었다.

교실은 분필 가루가 부옇게 앉은 칠판과 물기를 머금은 나무 책상이 줄지어 있었고, 창문을 열면 운동장의 흙먼지와 아이들 웃음소리가 한꺼번에 밀려들었다.

[60년대 축현국민학교]

학용품 가게 앞에서는 서로의 가방이 부딪히며 **"쿵"** 하는 소리가 울렸고, 나는 늘 먼저 다가가 인사를 건네는 쪽이었다.

새로운 일이 눈에 띄면 금세 손이 먼저 나가던 아이, 그게 내 모습이었다. 미술 시간에는 물감을 아낌없이 풀어 써서 팔레트가 금세 무지갯빛으로 번졌고, 점심시간이면 음악실 문턱에 서서 금관악기의 울림이 공기를 떨구는 소리를 온몸으로 받았다.

국민학교를 다니며, **'축현'**이란 단어가 무슨 뜻인지 궁금한 적이 있다. 부모님은 축현이**'인현동'**의 한자 이름이 **'축현'**이라는 걸 알려주셨다.

이때, 내 유년이 두 이름의 울림을 오가며 자라났다는 걸 깨달았다. 하나는 사람 냄새가 짙게 밴 이름이었고, 다른 하나는 역사의 기운을 품은 이름이었다. 그 두 결이 엮여 내 삶의 첫 뿌리가 되었다.

국민학교 시절 동아리 활동이 있었다. 그중 밴드부 문이 열렸을 때, 내 손에 쥐어진 악기는 트롬본이었다. 길게 뻗은 관이 내뿜는 낮은 울림은 합주의 바닥을 받쳐 주는 소리였고, 그 음은 눈에 보이지 않는 기둥처럼 전체를 떠받쳤다. 깊게 숨을 들이마시고, 한 박자를 삼킨 뒤에야 음을 올릴 수 있었다.

그 순간 나는 **'함께 가는 소리'**가 무엇인지 처음 알았다.

합주가 흔들리면 우리는 섹션을 나눠 기초부터 다시 맞췄고, 박자가 어긋나면 다시 연주를 통해 틀린 부분을 찾고 고쳐갔다. 지각이 생기면 연습표를 다시 짜서 틈을 메웠고, 집중이 흩어지면 역할을 바꿔 서로의 호흡을 다시 잇곤 했다. 그렇게 맞추는 법, 함께 가는 법을 배워 갔다.

우리 학교는 도심 한복판에 있었기에 끼 많고 재주 있는 친구들이 모였다. 거기서는 잘난 척이 통하지 않았다. 실력으로 말해야 했고, 소리로 증명해야 했다. 30명 남짓 되는 아이들이 같은 박자에 들어와 같은 호흡을 만들어 내는 일이 얼마나 어려운지도 그때 알았다.

그래서 나는 내 나름의 원칙을 세웠다. 시간은 반드시 정확히, 연습은 끝까지, 역할은 분명히, 그 원칙을 지키면 합주는 어김없이 제자리를 찾아갔다.

5학년 무렵부터 나는 트롬본 파트의 선도를 맡아 후배들의 음정을 붙들고 섹션 합주를 조용히 받쳤다.

잘하는 친구에게는 앞줄을 비워 줬고, 뒤처지는 친구에게는 한 박자 더 기다려 줬다.

[축현국민학교 6학년 시절 밴드부 리더]

한 해가 끝날 즈음, 나는 전체 리허설의 진행을 맡아 무대 동선과 엔딩 박까지 조율하는 역할을 했다.

그리고 6학년, 드디어 밴드부의 리더가 됐다. 그 자리에서 배운 건 화려한 솔로나 스포트라이트가 아니었다. 사람과 시간을 맞추는 법, 소리와 소리 사이를 매끄럽게 연결하는 기술이었다. 무엇보다, 누군가의 빛을 살려주고 누군가의 뒤처짐을 기다려주는 일, 그게 진짜 리더의 역할이라는 걸 나는 어린 나이에 이미 깨달았다.

정직함과 따뜻함, 나의 청소년기

1970년대 후반에서 1980년대로 넘어가던 무렵, 주안동은 거대한 생활의 전선이었다. 공단 굴뚝에서는 하루 종일 연기가 피어올랐고, 새 주거지가 연이어 들어서며 골목마다 세를 놓는 종이 딱지가 붙었다. 전국 각지에서 일자리를 찾아 사람들이 몰려왔고, 늘어나는 버스 노선은 도시의 혈관처럼 뻗어 나갔다. 하루가 다르게 거리는 변했지만, 골목 어귀의 인심과 따뜻한 정은 쉽게 식지 않았다.

모두가 내일을 위해 오늘을 악착같이 견디던 도시, 그 한복판으로 나는 중학교에 입학하는 동시에 이사 갔다.

부모님이 자수성가로 일군 살림 덕분에 또래보다는 조금 넉넉한 편이었지만, 그 여유를 내세우거나 자랑할 마음은 없었다.

변화의 파도를 온몸으로 맞으며 배운 건 오히려 겸손과 배려였다. 변하는 도시의 얼굴을 보면서 나는 남을 먼저 살피는 습관을 키웠고, 그것이 내 청소년기의 성격을 단단히 만들었다.

통학은 매일의 작은 원정이었다. 좌석은 늘 모자라 손잡이에 매달린 채 덜컹거림을 견뎌야 했다. 요철을 넘을 때면 도시락이 가방 안에서 출렁이며 엎질러져, 밥알과 김칫국물이 책에 쏟아졌다.

[인하대학교사범대학부속중학교 친구들]

[송도고등학교 최수길선생님과 친구들]

중학교에는 밴드부가 없었다. 그래서 내 시선이 멈춘 곳은 뜻밖에도 복싱부였다. 권투선수였던 삼촌의 권유로 나는 제물포역 근처의 동양체육관 문을 처음 두드렸다.

매트에서 풍기는 땀 냄새와 두툼한 가죽 글러브의 질감이 내 하루를 채워 갔다. 키와 체격이 받쳐주니 스텝과 거리감은 금세 익혔다. 잽은 짧고 빠르게, 스트레이트는 곧고 묵직하게, 가드는 높게 올리며 몸이 먼저 리듬을 기억했다. 시합보다 길고 고된 훈련 속에서 배운 건 결국 꾸준함이었다. 해야 할 일을 잊지 않고 끝까지 밀어붙이는 태도, 그게 링 위의 기술보다 먼저 몸에 밴 습관이었다.

그 무렵, 검단면에서 등교하던 한 친구가 있었다. 점심시간마다 교실 뒤에 조용히 앉아 물만 마시거나, 고개를 숙인 채 종이 위에 연필을 굴리는 모습이 내 눈에 밟혔다.

하루 이틀은 그냥 지나쳤지만, 시간이 갈수록 점심시간마다 사라지는 친구의 빈자리가 크게 느껴졌다. 결국 어느 저녁, 나는 어머니께 그 사정을 말씀드렸다. 그러자 어머니는 말없이 도시락 두 개를 더 싸서 나에게 주셨다.

다음 날, 흔들리는 버스 속에서 교과서 대신 들어 있던 도시락 가방이 유난히 무겁게 느껴졌지만, 교실에서 그 도시락은 우리 둘 사이를 잇는 다리가 됐다.

그렇게 어머니가 정성스럽게 만들어주신 도시락의 반찬과 밥을 먹은 친구는 오후 수업의 집중도가 월등하게 올라갔다. 늘 어둡기만 하던 친구의 눈빛이 점심 뒤에는 조금씩 밝아지는 걸 보면서, 나는 그 변화를 오래 마음에 새겼다. **'작은 배려'** 하나가 하루의 태도를 바꾸고, 그 하루가 결국 사람을 바꾼다는 사실을 그때 처음 배웠다.

이때부터 사람을 자세히 보기 시작했고, 부족한 부분이 있는 친구들을 도와주기도 했으며, 나의 부족한 부분을 친구들에게 물어보고 적극적으로 개선하게 되었다.

검단에서 통학했던 친구 말고도 반찬이 부실하거나, 도시락이 없는 친구들을 내 옆에 앉히고 밥과 반찬을 반씩 나눠 먹었다. 밥을 함께 나누면 목소리가 저절로 높아졌고, 정다운 목소리에서는 새로운 이야기가 이어졌다.

그 소박한 밥상이 하루의 울타리가 되었고, 나는 반 친구들에게 체격도 좋고, 운동도 잘하고, 인정까지 많은 친구가 되었다. 강압적인 리더가 아닌, 자연스러운 리더가 됐다.

다툼의 기미가 보이면 아이들은 자연스레 나를 불렀다. 나는 양쪽의 말을 끝까지 듣고, 필요하다면 사람을 사이에 세워 거리를 조율했다. 그래도 매듭이 풀리지 않으면 주저하지 않고 어른에게 도움을 청했다. 아이들이 나를 중재자로 인정한 건 덩치 때문이 아니었다. 먼저 챙기고 손을 내미는 습관이 신뢰를 만든 것이었다.

그때 세운 원칙은 지금도 같다. **힘은 약한 쪽에 기울이고, 판단은 공정하게 내리며, 약속은 반드시 지키고, 책임은 끝까지 지는 것이다.** 돌아보면, 점심의 온기와 복싱부에서 익힌 리듬, 길고 고단했던 통학길의 인내가 겹쳐 내 청소년기를 만들었다.

주안동은 단순한 생활의 무대가 아니었다. 그곳은 사람을 돌보는 법과 공동체를 묶는 질서를 내게 가르쳐 준 학교였고, 오늘 내 정치의 뿌리가 된 거리였다.

캠퍼스 벚나무에 잎이 막 달리던 봄이었다. 강의계획표보다 먼저 내 눈을 사로잡은 건 오디션 공고였다.

초등학교 시절부터 이어 온 음악 덕분에 무대 위에서 목소리를 내는 일이 두렵지 않았던 나이였다. 혼자 가기엔 망설여졌고, 같은과 친구와 식사중 **"드라마에 멋진 형사만 필요한 게 아니잖아. 평범한 얼굴도, 이웃도, 도둑도 다 있어야지."** 그렇게 설득하자 친구는 젓가락을 내려놓고 마침내 고개를 끄덕이며 당장 오디션을 보러 가자고 했다. 그렇게 우리는 아무런 준비 없이 MBC로 향했다. 현장은 인산인해였다. 5천 명은 족히 넘어 보였다.

부모님이 사촌 차를 타고 입구에 들어서자, 청원경찰이 연예인 차량으로 착각하고 길을 터 준 해프닝도 있었다. 주차하고 수험표를 가슴에 달았을 때, 우리를 보며 배꼽 잡고 웃던 사람들의 표정이 아직도 선하다. 수험표를 달고 있는 학생들에게 여러명의 스태프가 다가왔다. 곧장 스태프는 대사가 적힌 A4 용지를 나눠줬고, 긴 대기줄에서 친구는 억지로 사투리를 누르려 혀를 굴렸고, 나는 숨을 고르며 대본을 외웠다.

결과는 갈렸다. 친구는 1차에서 떨어졌지만, 나는 1차와 2차를 연달아 통과했다. 마지막으로 정동 본사에서 3차 면접이 남았다. 그러나 전날, 선을 넘었다. 술자리를 길게 이어간 탓에 알람을 놓친 것이었다. 무조건 일어날 수 있다고 자신했지만, 일어나지 못하고 탤런트의 꿈을 접을 수밖에 없었다. 그날의 나는 스스로 한없이 책망했다. 시간이 흐른 뒤에야 비로소 가벼운 해프닝으로 웃어넘길 수 있었다.

탤런트 시험에 떨어지고 공부에 흥미가 떨어질 무렵, 대학교 친구 한 명이 눈에 밟혔다. 친구는 부모님이 마련해 준 돈을 들고 인천으로 상경한 친구였다. 방 한 칸을 얻고 나니 월세와 공과금을 내고 남는 건 고작 식비뿐이었다.

그 친구는 저녁을 제대로 챙겨 먹지 못했다. 나는 라면 상자를 사 들고 그의 방에 두었다. 어떤 날은 배가 고픈 대신 마음이 더 허전해 보일 때가 있었다. 그럴 땐 함께 짜장면을 시켰다. 김이 모락모락 오르는 그릇 앞에서 친구의 어깨가 풀리고, 굳었던 표정이 서서히 누그러졌다. 그 한 끼가 그의 내일을 버틸 힘이 되

었고, 내겐 나눔의 의미를 새겨 준 시간이었다. 그렇게 며칠이 몇 달이 되고, 우리는 우정이 되었다.

세월이 흐른 지금도 그는 먼저 계산서를 집어 든다. 나는 그때 배운 사실을 오래 간직하고 있다. 사람을 먼저 살피는 눈, 필요한 만큼 나누는 손, 맡은 일을 끝까지 지키는 태도는 지금 내 정치의 바탕을 이루고 있다고 생각한다.

23살이 되던 해, 행정의 심장이 관동 1가 9번지로 옮겨졌다.

지금의 중구청 건물은 한때 **'인천시청'**이라는 간판을 걸고 인천을 지휘했다. 개항기와 일제강점기의 그림자를 고스란히 품은 건물은 오래된 창틀이 삐걱거렸고, 곧은 복도를 따라 발소리가 메아리쳤다. 벽은 계절에 따라 표정을 달리했는데, 겨울엔 손을 대면 묘하게 따뜻했고, 여름엔 서늘하게 식혀주곤 했다.

[1985년 까지 사용된 인천시청_지금의 중구청]

나는 아버지를 따라 그 일대를 건너며 **'관공서'**라는 단어를 풍경과 냄새, 소리로 배웠다. 식수대의 금속광이 반짝였고, 층계를 오르는 구둣발 소리가 이어졌으며, 민원창구에 차곡차곡 쌓인 서류뭉치에서는 잉크와 종이 냄새가 풍겼다. 그곳에서 나는 생활은 종이 위에서 먼저 움직이고, 종이가 움직이면 시간이 그 뒤를 따라 움직인다는 중요한 진실을 깨달았다.

1985년, 시청은 구월동 신청사로 자리를 옮겼다. 낡은 간판이 내려가고 새 현판이 걸리는 순간, 도시는 새로운 시대를 맞았다. 광장은 더 넓어졌고, 진입로는 반듯하게 뻗었다. 주변은 정리된 가로수와 말끔한 가로등으로 환해졌다.

나는 그 길을 지나며 처음으로 '백년대계'라는 말을 마음속에 품었다.

오늘의 편리를 위해 어제를 지워버리는 게 아니라, 내일의 안정과 질서를 위해 오늘의 길을 새로 긋는 일 그게 행정이 도시를 이끄는 방식이라는 걸 그때 배웠다. 한 장의 결재, 한 줄의 예산, 한 번의 절차가 결국 시민의 하루가 된다는 사실을 보았다.

대학교 졸업 이후 20대 중반 방황한 삶을 보냈다. 첫 직장인 무역회사에 들어간 지 석 달 만에 그만뒀다. 책상 앞에서 마음은 멀어지고 손은 멈췄다. **'꼭 이렇게 돈을 벌어야 하나'**라는 안일한 생각에 젖었다. 그 시절 나는 이곳저곳을 떠돌았다. 한국의 여러 도시와 해외를 여행했다. 정돈된 공원과 도서관에서 도시의 힘을 느꼈고, 작은 가게의 친절과 지역 축제의 활기를 배웠다. 그러나 그 속에는 불편과 모순도 있었다.

[나의 동반자와 대학교 졸업식]

[나의 동반자와 첫 휴가]

공공 서비스의 단절, 복잡한 절차, 무심한 안내는 발걸음을 자주 멈추게 했다. 여행의 기록은 즐거움만이 아니라 배움으로 남았다. 특히 태국을 여행하며, 느낀 점이 많았다. 관광 산업은 이미 나라의 얼굴이자 성장 동력이었고, 농업 또한 세계 시장에 내다 팔 수 있을 만큼 경쟁력이 있었다. 사찰은 단순한 종교 공간이 아니라 지역 공동체를 묶어내는 생활의 중심이었다. 외국인에게 열린 문화와 지방 자원의 활용 방식도 인상 깊었다.

한국이 당시 오직 제조업과 수출에 몰두하고 있을 때, 태국은 다른 길을 보여주고 있었다. 물론 정치의 불안정과 군부 개입은 배우지 말아야 할 그림자였다. 그러나 그들의 관광 전략, 농업의 개방성, 사찰 공동체의 힘은 한국 사회에도 시사점을 던졌다. 돌아보면 그 시절의 여행은 단순한 방랑이 아니었다. 세계를 비교하며 내 고향과 내 나라의 미래를 생각하게 만든 준비 과정이었고, 나를 성장시킨 긴 학습의 시간이기도 했다.

[1984~1986년 해병대 복무시절]

나의 첫 번째 스승, 해병대

내가 정치를 시작하게 된 가장 큰 원동력은 해병대에서의 시련과 한국청년회의소(JC) 활동이었다. 특히 1984년, 해병대 병 504기로 입대하며 맞이한 혹독한 시간은 내 삶의 방향을 완전히 바꿔 놓았다. 입대 전, 군대를 정말로 가기 싫었다.

군대를 어떻게든 피해보려고 여기저기 빠져나갈 구멍을 찾던 시절이었다. 미국으로 이민 간 친구의 소개로 재미교포와 펜팔을 하게 되었고, 실제로 만나 결혼까지 생각해볼 만큼 마음이 복잡하고 미래가 막막하던 때였다.

우체국 창구 앞에서 엽서를 고르며 **'이 한 장으로 내 인생이 바뀌기라도 할까'** 싶어 하던 그 시절, 첫 미팅에서 지금의 아내를 만나게되었다.

그녀 앞에서만큼은 변명 많은 청년이 아니라, 책임지는 남자로 서고 싶었다. 핑계 대신 선택을 하자고 마음먹은 순간, 가장 힘든 길이 가장 깔끔한 증명이라는 생각이 들었다. 그래서 도망이 아니라 정면 돌파를 택했다.

그냥 군대가 아니라, 해병대로 입대하여 강한 남자라는 것을 보여주고 싶었다. 늘 친구들과 어울리며 큰 어려움 없이 지내던 내게 해병대 생활은 그야말로 **'지옥 훈련장'**이었다. 흔히 **"인생에서 맞을 일은 해병대에서 다 맞고 온다"**라는 말이 있는데, 내겐 결코 과장이 아니었다. 해병대는 인내와 책임감을 뼛속 깊이 새겨준, 내 인생에서 가장 거친 학교였다.

1980년대 군대는 군사정권의 그림자 속에 있었다. **'극기주의'**라는 이름 아래 가혹행위가 일상화됐고, 선·후임 간의 기수 문화는 절대적 권위로 작동했다.

내가 훈련받던 진해 해병대 훈련단은 낡은 시설과 빈약한 상수도, 외부와 철저히 단절된 폐쇄적 환경 속에서 부조리가 공공연히 자행되던 공간이었다.

그중에서도 지금까지 잊을 수 없는 사건이 있다. 물이 부족하다는 이유로 교관들은 야외 40년된 재래식 화장실을 사용하라고 실내 좌변기 사용을 금지했지만, 어느 날 한 동기가 몰래 화장실을 썼다. 그 흔적을 발견한 허 조교는 분노에 휩싸여 새벽 3시, 전 훈련병을 연병장으로 끌어냈다. 잘못을 저지른 이는 끝내 나오지 않았고, 분노한 조교는 2층 생활관 훈련병들에게 변기 속

오물을 손으로 찍어 먹게 하는 참혹한 일을 강요했다.

지금으로서는 상상조차 할 수 없는 일이었지만, 당시 해병대에서는 이런 일이 **'극기'**라는 미명 아래 공공연히 벌어지고 있었다. 사건 직후 우리는 완전군장을 한 채 3km를 달렸고, 이어 천자봉을 오르는 고통의 행군이 기다리고 있었다. 이 경험은 단순히 육체를 단련하는 시간이 아니었다. 맞는다는 건 단지 몸의 고통만을 뜻하지 않았다.

인간의 존엄을 짓밟는 아픔, 말 한마디와 권위적인 태도에서 뿜어져 나오는 폭력조차도 주먹보다 더 깊은 상처를 남길 수 있다는 사실을 나는 그때 배웠다.

또 하나 기억에 남는 일화가 있다. 나는 늘 잠이 많았는데 동기와 선임들은 **"정 해병은 어디서든 잘 잔다"**고 농담처럼 말하곤 했다. 어느날 대대급 야외훈련 중이었다. 비가 내린 지 얼마 안 된 숲속은 축축했고, 흙냄새가 짙게 밴 풀잎이 부대의 이동 경로를 따라 눕혀져 있었다. 이동 명령이 잠시 멈추고 산속에서 훈련하고 있는데 나는 땡땡이칠 수 있겠다고 생각했다. 잠깐 잠을 자려고 나무 그루터기에 몸을 기댔다. 잠깐 눈만 붙이자는 생각이었는데, 정신을 차렸을 땐 산속이 고요했다. 사람 소리도, 무전 소리도, 발자국 소리도 없었다. 부대가 사라져 있었다.

머릿속이 하얘졌다. 정적 속에서 매미 소리만 유난히 또렷했다. **"이건 큰일이다."** 순간 온몸이 식었다.

탈영으로 오해받을 수도 있다는 생각이 머리를 스쳤다. 그 길로 나는 숲을 가르며 뛰었다. 부대가 향했을 방향을 감으로 짚

어 산비탈을 내려갔다. 풀잎이 얼굴을 스치고, 돌멩이에 발이 걸려 넘어져도 멈출 수 없었다. 그때의 달리기는 단순한 체력훈련이 아니라, 선임들에게 맞을 생각에 온몸이 두려움으로 뒤섞여 있었고 살기 위해서 전력질주를 했다.

한참을 뛰다 멀리 부대의 붉은 깃발이 보였다. 아무 일 없었다는 듯 숨을 고르며 대열 틈으로 스며들었다. 다행히 지휘관도, 동료들도 눈치채지 못했다. 들키지 않았다는 안도감보다 살아 돌아왔다는 안도감이 먼저 밀려왔다.

그날 밤 부대에서 잠을 청하며 문득 깨달았다. 해병대의 훈련은 체력보다 정신을 단련하는 과정이었다. 나는 그날 **'긴장의 끈을 놓는 순간 책임이 흔들린다'**는 사실을 배웠다.

해병대 병역명문가 인증패

정흥길 가문

위 가문은 3代에 걸쳐 해병대에서 명예롭게 軍 복무를 마친 가문으로 "해병대 병역명문가" 에 선정되었기에, 그 희생과 헌신에 대한 존경과 감사의 뜻을 이 패에 담아 드립니다.

2018년 4월 13일

해병대사령관
해병중장 전진구

[해병대 병역명문가 인증패 2018. 04. 13]

[해병대 출신인 아버지를 늘 존경해왔던 아들 해병대 자원입대]

그 이후로 어떤 자리에서도 한눈을 판 적이 없다. 군에서의 그 한 번의 실수는 내게 평생의 교훈으로 남았다. 그리고 해병대는 동시에 또 다른 교훈을 줬다. 지옥 같은 훈련 속에서도 동기들끼리의 끈끈한 유대감은 살아 있었다. 함께 얼차려를 받고, 함께 천자봉을 오르며 우리는 서로의 어깨를 부축하고 숨을 나눴다. 고통은 나눌 때 버틸 수 있었고, 그 연대감은 다시 삶을 지탱하는 힘이 됐다. 그 속에서 나는 인간적인 나눔과 배려의 가치를 보았다.

어린 시절 도시락 없는 친구 곁에 앉아 반찬을 나누던 내 마음과 해병대에서 체득한 공동체 의식이 하나로 이어졌다.

훗날 내가 정치인이 되기로 마음먹었을 때 **'시민의 울타리가 되어야 한다'**라는 정치적 소명으로 나아가게 된 것도 그 뿌리 위에 서였다.

해병대에서 얻은 강인함과 책임감은 지금도 내 정치 활동을 지탱하는 기둥이다. 약자를 향한 폭력과 부조리를 외면하지 않는 태도, 어떠한 상황에서도 물러서지 않고 해결을 모색하는 자세, 공동체를 위해 자신을 희생하는 정신이다. 그것이 해병대가 내게 남겨 준 가장 큰 유산이라고 믿는다.

이러한 삶의 교육은 결국 우리 가족의 전통이 되었다. 아버지로부터 시작된 그 길은 나와 동생에게로, 그리고 다시 내 아들 두 명에게까지 이어졌다. 모두가 해병대에서 청춘을 받쳤고, 그 결과 우리 가족은 세대를 관통한 책임과 헌신의 기록으로 병역명문가에 이름을 올리게 되었다.

[해병대 병역명문가로 아버지, 나, 동생, 아들 둘 3대가 해병대]

[제16차 인천지구 JC 회원대회 어머니에게 드리는 꽃 1997. 09. 20]

나의 두 번째 스승, 한국청년회의소

1987년, 나는 한국청년회의소(JC)에 첫발을 내디뎠다. 해병대에서 불의에 맞서는 용기와 극한 상황을 이겨내는 강인한 정신을 배웠다면, JC 활동은 그 힘을 통해 사회를 위한 실천적 리더십으로 승화시키는 과정이었다.

나는 개인의 성공을 넘어 지역사회에 어떤 방식으로 기여할 수 있을지 고민했고, JC는 그 물음에 대한 명확한 답을 줬다.

처음 JC에 들어섰을 때, 나는 나름대로 지역에서 리더십을 갖추었다고 생각했다.

하지만 더 넓은 무대에서 수많은 훌륭한 선배들을 만나면서, 내가 얼마나 부족한 사람인지 뼈저리게 깨달았다.

JC는 내게 진정한 리더십이란 타고난 자질이 아니라 끊임없

[제16차 인천지구 JC 회원대회 1997. 09. 20]

는 훈련과 치열한 고민, 그리고 시민을 향한 봉사 속에서 다듬어지는 것임을 가르쳐 줬다. 즉, 리더십은 선천적으로 태어나는 것이 아니라 만들어지는 것이다.

JC에서의 시간은 내 잠재력을 하나씩 드러내는 과정이었다. 감사, 외부, 내부, 상임, 그리고 회장까지, 직책이 바뀔 때마다 책임의 무게도 달라졌다. 회의실 중앙에 앉아 안건을 설명하며 동료들의 시선을 마주하던 순간, 작은 떨림 속에서 내 안의 목소리가 점점 단단해지는 걸 느꼈다. 상대의 주장을 경청했고, 때로는 조용히 정리하며 방향을 제시하는 과정에서 리더의 자리는 말보다 태도로 증명해야 한다는 걸 배웠다.

특히 기억에 남는 훈련은 코카스 미팅(KOCAS Meeting)이었다. 길게 이어진 테이블 위에 국기를 놓고, 정해진 의전 순서에 따라 인사와 발표가 오갔다. 단순히 발언 연습을 넘어서, 협상

[제16차 인천지구 JC 회원대회 1997. 09. 20]

의 언어와 국제회의의 절차, 그리고 상대국 대표를 존중하는 눈빛까지 모두 훈련의 일부였다. 처음엔 어색했던 격식이 어느 순간 몸에 스며들었고, 나는 한 치의 틈 없이 준비하는 습관을 그 자리에서 길렀다. 회의가 끝난 뒤에는 서로의 발표를 두고 격의 없는 토론을 이어갔고, 그 속에서 논리를 세우는 힘과 동시에 상대를 설득하는 감각을 키웠다.

JC는 개인의 성장을 넘어, 지역사회의 변화를 이끄는 울타리이기도 했다. 명절을 앞두고 독거 어르신 댁을 찾아가 연탄을 나르던 날, 땀에 젖은 옷자락보다 마음에 더 큰 무게가 남았다. 장학사업을 위해 거리 모금에 나섰을 땐, 차가운 겨울바람 속에서도 아이들의 밝은 얼굴을 떠올리며 발걸음을 멈출 수 없었다.

작은 봉사에서 시작된 경험은 곧 나 자신을 돌아보게 만들었고, 지역의 문제를 해결하려는 집단적 의지가 한 사람의 삶을 얼

마나 바꿀 수 있는지 확인하는 시간이었다.

그렇게 JC에서의 날들은 나를 단련시켰다. **리더십은 직책의 이름이 아니라 책임을 다하는 태도였고, 소통은 말의 유창함보다 경청과 신뢰에서 비롯된다는 걸 깨달았다.** 나는 그 배움들을 삶의 뿌리로 삼아, 이후 어떤 무대에 서더라도 유연하게 대처했고, 공동체와 함께 목표를 이루는 길을 선택했다.

JC에서의 훈련과 봉사는 단순한 청년 시절의 경험이 아니라, 사회 속에서 살아가는 법을 가르쳐 준 하나의 교과서였다. 그 영향력은 지금도 곳곳에서 확인된다.

중앙정치인도 많지만, 전국시도의장협의회 17개 시 · 도 의장 중 다섯명이 JC 출신이고, 인천광역시의회에서도 여섯 명의 시의원이 JC 출신일 만큼, JC 에서 배운 가치와 정신은 여전히 우리 사회의 다양한 자리에서 살아 숨 쉬고 있다.

[JC 활동 시절]

해병대 생활이, 내 삶의 뼈대를 세워주었다면, JC 활동은 그 뼈대에 따뜻한 살과 피를 불어넣는 과정이었다. 공동체 속에서 내가 어떤 역할을 해야 하는지, 어떻게 더 나은 사회를 만들 수 있는지 끊임없이 질문하고 실천했던 경험은 곧 정치로 이어지는 강력한 계기가 되었다.

2025년, 제73주년 재향군인의날 기념행사에서 나는 뜻밖의 영광을 받았다. 향토 방위와 안보에 기여한 공로를 인정받아 대한민국재향군인회로부터 대휘장을 수여받은 것이다.

해병대와 JC 에서 배운 책임과 자세가 세월을 지나 이렇게 돌아올 줄은 미처 생각하지 못했기에, 그 순간은 내 삶의 또 하나의 이정표처럼 느껴졌다.

[대한민국재향군인회로부터 대휘장 수여 받음 2025. 10. 23]

인천광역시 의원이 되기까지

IMF가 가르쳐준 삶의 가치

1997년 12월 대선 패배 이후

태국에서 다시 태어나다

경선의 환희, 본선의 침묵

인천광역시 광역의회의원이 되다

산업경제위원회 위원장의 네 가지 과제

그 길에 대한민국의 내일이 있다

언제나 강인하고 단단하기만 하셨던 아버지는 나의 낙선 소식에 마침내 내 앞에서 눈시울을 붉히셨다. 이번에는 비록 결과가 좋지 않았지만, 반드시 다음 기회가 있을 것이니 포기하지 말고 끝까지 해보라는 말씀을 남기셨다.

아버지의 눈물, 어머니의 헌신, 아내의 뒷바라지, 그리고 가족 모두의 인내가 있었기에 나는 이 길을 끝까지 걸어올 수 있었다.

정치란 결국 혼자가 아니라 함께 가는 길임을, 나는 내 삶과 가족을 통해 배웠다.

IMF가 가르쳐준 삶의 가치

JC 활동과 사업을 병행하는 바쁜 삶을 살았다. 나는 옥외광고라는 세계에 뛰어들며 인생의 전환점을 맞이했다. 비록 처음 시작한 빌보드 사업이었지만 철저한 준비와 감사한 인연 덕분에 빠르게 성장했다. 교통 체증이 심한 도로변, 눈에 잘 띄는 자리에 광고판을 세우고 좋은 업체를 설득해 광고를 확보하는 것이 내 전략이었다. 특히 국회의원 출신으로 대우자동차 기조실장을 지내고 대한민국 제14·15대 국회의원을 지낸 이재명 전 국회의원은 나를 전폭적으로 지원해 줬다. 그전에는 수십 번 찾아가도 대리 한 명 만나기 어려웠던 대우그룹 임원들이 직접 우리 사무실을 방문할 정도였으니, 그 힘이 얼마나 큰지 알 수 있었다. 해병대 선배였던 쌍용그룹 김석원 회장 역시 나를 믿고 밀어줬다.

[쌍용그룹 김석원 회장과 만남]

대우자동차와 쌍용그룹 광고를 따낸 순간은 지금도 잊을 수 없다. 그 덕분에 사업은 승승장구했다.

인천 경기은행 본점과 180개 지점 간판 교체를 단독 수주했을 때는 내 사업 인생의 정점이었다. 계약서에 도장을 찍던 순간, 손끝이 떨릴 만큼 벅찼다.

당시 연수동 우성아파트 1차 분양가가 1억 원이었는데, 나는 몇 달 만에 2~3억 원을 벌어 집 몇 채 값을 감당할 만큼 빠르게 성장했다. JC 활동으로 다져진 인맥과 실행력이 현장에서 힘을 발휘하면서, 젊은 사업가였던 나는 마침내 인생의 빛을 보기 시작했다. 사업이 자리를 잡자, 나는 자연스레 더 큰 무대와 책임을 떠올리게 되었다. JC에서 익힌 봉사와 리더십의 경험은 결국 지역사회와 정치라는 영역으로 시선을 넓히게 만들었다. 그렇게 1996년, 신한국당의 제안을 받아 인천광역시당 청년위원장으로 활동하며 정치의 길에 들어섰다.

[우측_안상수, 최기선 전)시장, 좌측_홍문종의원, 이재명의원 1996. 11. 08]

내 정치 입문은 결코 우연이 아니었다.

해병대에서 얻은 불굴의 의지와 JC에서 배운 봉사 정신이 이 길로 나를 이끌었고, 나는 그때 진정한 리더십이란 나를 위한 성공이 아니라 시민을 향한 헌신과 봉사에서 비롯된다는 것을 더욱 분명히 깨달았다.

서른다섯, 나는 인천광역시당 청년위원장으로 활동하며 사업까지 병행하느라 숨 가쁜 시간을 보냈다. 하지만 그만큼 성과도 컸다. 하루에도 수천만 원이 손을 거쳐 갔고, 사람들은 내 이름만 들어도 신뢰를 보냈다. 젊은 나이에 성공한 사업가로 자리 잡았다는 사실이 주변의 시선에서도 느껴졌다. 인천 거리를 달리던 벤츠 320, 당시 도시에서 몇 대 되지 않던 그 차를 몰며 느꼈던 벅참은 내 인생의 절정처럼 기억된다.

[한나라당 인천광역시 청년연합 발대식]

그러나 잘 나가던 사업도 한순간에 무너질 수 있다는 걸 1997년 IMF 외환위기에서 절실히 깨달았다. 국가 경제 전체가 흔들리면서 기업들은 생존을 위해 가장 먼저 광고를 중단했다. 내 회사의 가장 큰 고객이었던 대우마저 광고를 끊어 버리자, 차가 많이 몰리는 곳마다 설치해 놓았던 고가의 전광판은 하루아침에 애물단지가 됐다. 초기 설치비와 연간 임대료가 고스란히 빚으로 쌓였고, 결국 회사는 부도의 문턱에 서야 했다. IMF는 내 사업을 무너뜨렸지만, 내 정신까지 무너뜨리지는 못했다.

나는 다시 해병대 시절을 떠올렸다. 천자봉을 오르며 이를 악물었던 순간, 혹독한 얼차려 속에서도 동기들과 손을 맞잡았던 순간이 떠올랐다. **"쓰러져도 다시 일어서라. 포기하지 말라."** 그때 배운 해병대 정신이 나를 버티게 했다. 무너짐 속에서 나는 오히려 더 큰 가르침을 얻었다. 왜 정치가 소수 기득권의 전유물이 되어서는 안 되는지, 왜 다양한 삶의 경험을 가진 사람들이 정치에

[경남 창원시 진해구의 최고봉인 천자봉]

참여해야 하는지를 뼈저리게 느꼈다. 사업의 흥망성쇠를 직접 겪어본 사람만이 국민들의 민생의 아픔을 피부로 이해할 수 있다는 걸 알았다.

나는 지금도 믿는다. 정치는 법조인, 교사, 의사, 소상공인, 사업가 등 각기 다른 삶을 살아온 사람들이 모여 국민을 위해 지혜를 모을 때 비로소 완성된다. 특정 계층만의 정치, 인맥만으로 움직이는 정치가 아니라, 국민의 고통과 기쁨을 함께 살아낸 사람들이 어깨를 나누는 정치여야 한다.

나는 한 직장에서 묵묵히 30년을 일하며 가족을 부양한 가장들을 존경한다. IMF를 함께 견디며 버텨낸 수많은 소상공인과 근로자들을 기억한다. 내 사업가로서의 경험과 해병대 정신을 융합해, 오직 국민만을 바라보는 정치를 펼쳐 나가고자 한다. 그것이 IMF가 내게 남긴 마지막이자 가장 값진 교훈이다.

[한나라당 인천광역시당 청년위원장 시절 김영삼대통령과 만남]

1997년 12월 대선 패배 이후

1997년 12월, 대한민국은 거대한 정치적 격변의 한가운데 있었다. 제15대 대통령선거에서 한나라당 이회창 후보는 불과 39만 표 차이로 새정치국민회의 김대중 후보에게 패배했다. 그 결과는 한나라당 내부에 큰 충격을 남겼고, 패배의 후유증은 곧바로 조직 전체를 뒤흔들었다. 누가 책임을 질 것인가, 앞으로 당을 어떻게 재정비할 것인가를 두고 혼란과 갈등이 끊이지 않았다.

그 혼란 속에서 1998년 6월, 제2회 전국동시지방선거가 치러졌다. 나는 인천광역시의회 비례대표 후보로 나서게 됐다. 원래는 비례대표 1번을 받아 출마하기로 당과 약속이 되어 있었다.

그러나 선거를 앞두고 상황은 돌변했다. 당 내부에서 나를 도와주기로 했던 사람들이 대선 패배 이후, 정치 보복을 두려워해 하나둘씩 새정치국민회의로 자리를 옮겼다. 남아서 나를 이끌어줘야 할 사람들이 비어버렸고, 기대했던 약속은 공허한 메아리처럼 사라져 버렸다.

결국 나는 비례대표 2번을 받았다. 당시 인천광역시의회 비례대표 1번은 이미 정치적 경력이 탄탄하고 훌륭하신 박승숙 의원이었는데, 인천광역시 중구청장을 지낸 분이었다. 승부는 불 보듯 뻔했다. 예상대로 선거는 패배로 끝났다.

그때의 심정은 이루 말할 수 없었다. **'정치란 원래 이렇게 약속을 지키지 않는 것인가?', '조직의 이해와 개인의 신념은 언제나 충돌하는 것인가?'** 수많은 물음이 머릿속을 맴돌았다.

불쾌함과 배신감, 그리고 깊은 회의감 속에서 나는 정치라는 길을 다시 바라보게 됐다.

2000년까지 정당 생활을 이어갔지만, 마음은 점점 멀어져 갔다. 더 이상 당 내부의 암투와 불신의 정치에 젖어들고 싶지 않았다. 결국 나는 새로운 길을 찾아 사업에 뛰어들었다.

그것은 **'도피'**라기보다, 나 자신을 다시 세우기 위한 **'재정비'**의 시간이었다.

그 시절은 내 정치 인생에서 뼈아픈 실패이자 값진 교훈이었다. 권력의 중심에서 보았던 인간사의 민낯은 냉혹했지만, 그 속에서 나는 정치의 본질을 배웠다.

정치는 권력의 게임이 아니라, 약속을 지키는 신뢰의 연속이어야 한다는 것. 그때의 좌절은 훗날 내가 정치에 복귀했을 때, 흔들리지 않는 신념으로 자리 잡게 됐다.

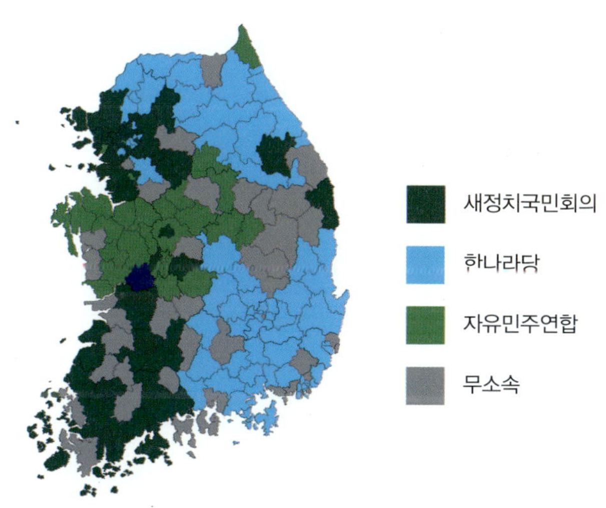

[1998년 기초단체장 정당별 분포]

태국에서 다시 태어나다

잘나가던 사업은 하루아침에 무너졌고, 광고판 불빛이 꺼지듯 내 삶도 꺼져갔다. 수십 명이 북적이던 사무실은 금세 불 꺼진 창고가 되었고, 믿고 따르던 직원들은 하나둘 짐을 싸 떠났다. 남은 건 절망뿐이었다. 모든 것이 무너진 자리에서 나는 결국 미국행 비행기에 몸을 실었다.

미국에서 나를 기다린 건 화려한 기회가 아니라 시간당 7달러짜리 접시 닦기 일이었다. 뜨거운 물과 기름때에 손은 금세 갈라졌고, 매일 밤 찾아오는 패배감은 술로 달래야만 했다. 불과 얼마 전까지 인천에서 벤츠를 몰던 내가 낯선 땅에서 설거지에 매달려 있는 현실은 참혹하기 그지없었다. 과거의 영광은 오히려 칼날이 되어 내 가슴을 후벼팠다.

미국에서 지내려면 운전면허가 필수였다. 가족을 데려오기 위해 중고차를 구해야 했지만, 관광비자로는 면허를 딸 수 있는 곳이 하와이뿐이라는 사실을 알게 됐다. 결국 나는 하와이로 향했고, 그곳에서도 해병대 전우회를 먼저 찾았다. 전우들은 반갑게 맞아주며 따뜻한 밥 한 끼를 챙겨줬고, 나는 그 한 끼의 온기에서 묘한 위로를 느꼈다.

하지만 현실은 만만치 않았다. 그동안 한국어로도 응시할 수 있었던 면허시험이 동남아 교포들의 항의로 전면 영어 시험으로 바뀌어 있었다. 그 소식을 들었을 때, 다리에 힘이 풀렸다.

한국어 시험에 익숙했던 내게 영어로 된 문제지는 그야말로 또 다른 장벽이었다. 하지만 물러설 수는 없었다. 가장 값싼 숙소에 틀어박혀 한 달 내내 영어 단어를 외우며 시험지를 붙들었다.

사전을 옆에 두고 씨름하던 그 밤들은 내 생애 처음으로 **'바닥'**이라는 단어를 온몸으로 체감하게 했다. 결국 면허를 손에 넣었을 때, 그것은 단순한 합격이 아니라 인생에 다시 한번 합격 도장을 찍은 듯한 순간이었다.

하지만 이상하게도, 그 성취의 순간이 끝이 아니었다. 오히려 하와이의 따뜻한 햇살과 느긋한 공기가 내 마음을 붙잡았다. 가족에게는 시험에 떨어져 아직 면허를 따지 못했다고 거짓말을 했다. 그 한마디 거짓말은 내게 여섯 달의 여유를 허락했다. 와이키키 해변에 앉아 책을 읽고, 낯선 하늘 아래 당구공을 굴리며, 나는 처음으로 내 삶을 천천히 돌아봤다. 바닷바람은 내 상처를 씻어줬고, 하와이 해병대전우회 선배들의 격려는 잿더미 속에서 다시 숨을 틔워줬다. 그곳은 내게 작은 안식처이자, 실패의 충격을 달래주는 은신처였다.

그러나 언젠가는 현실로 돌아와야 했다. 더는 하와이에 머물 수 없었고,결국 나는 후배들이 자리를 잡고 있던 태국 방콕으로 발걸음을 옮겼다.

방콕에서의 삶은 더욱 냉혹했다. 동생이 보내주는 돈으로 근근이 살아가는 신세가 부끄럽고 가족에게 미안했다. 그러던 어느 날, 아침에 일어나 보니 아내가 보이지 않았다. 아이들에게 물어도 모른다는 대답뿐이었다.

뒤늦게 아내가 관광객을 상대로 한 보석가게에 취직했다는 사실을 알게 됐다. 한 달 2만 5천 바트, 우리 돈으로 100만 원 남짓 벌기 위해 묵묵히 집을 나선 것이었다. 그 소식을 듣는 순간, 말할 수 없는 무력감에 사로잡혔다.

더 큰 충격은 아이들이었다. 큰아들이 중학생 나이에 입지 않는 옷을 시장에 내다 팔았다는 이야기를 들었을 때, 가슴이 철렁 내려앉았다. 아버지로서 책임을 다하지 못한 내 모습이 부끄럽고 한심했다. 술에 취해 거울 속 내 얼굴을 마주했을 때, 그것은 더 이상 아버지의 얼굴이 아니었다.

그제야 나는 무릎을 꿇었다. 자존심과 체면을 다 내려놓고 어떤 일이든 해야겠다고 결심했다. 더 이상 가족이 고통받는 모습을 두 눈으로 보면서도 손 놓고 있을 수는 없었다.

그 무렵 방콕에서 만난 후배들이 내게 여행업을 권유했다. JC 시절 함께 활동하던 여행사 후배는 내가 사람을 잘 알고 관계를 잘 맺는 장점이 있으니, 그것을 살리면 충분히 할 수 있다고 조언했다. 사무실에 컴퓨터 한 대와 직원 한 명만 있어도 시작할 수 있다는 말이었다. 그 말은 내 가슴을 울렸다.

결국 나는 다시 결심했다. 한때 거대한 광고판을 세웠던 손으로 이제는 작은 여행 티켓을 발권하더라도, 가족을 위해 다시 일어서야 했다. 더 이상 무너져 내린 채 술잔에 기대는 삶을 이어갈 수는 없었다. 나를 버티게 해준 해병대 정신과, 가족을 책임져야 한다는 아버지의 각성이 내 등을 밀어주었다. 이제는 실패를 딛고 다시 나아가야 할 때였다.

여행업에 뛰어들기 전, 나는 먼저 이 일이 어떻게 굴러가는지 기본적인 구조부터 파악해야 한다고 생각했다. 과거에는 여행객이 가이드에게 팁을 건네며 고마움을 표현했지만, 이제는 생계를 위해 내가 직접 가이드가 되어야 하는 처지가 된 것이었다.

그 사실이 자존심을 깊이 건드렸지만, 아버지이자 가장으로서의 책임감은 그 모든 감정보다 더 무거웠다. 가장의 역할이란 결국 자녀들이 원하는 것을 지원하고, 불편함 없이 살아갈 수 있도록 길을 열어주는 것이라 믿었기 때문이었다.

당장 돈을 벌어야 했기에 나는 망설임 없이 가이드 일을 시작했다. 마흔의 나이에 새롭게 발을 디딘 이 길은 결코 쉽지 않았다. 처음에는 기존에 활동하던 선배 가이드를 따라다니며 보조 역할을 맡았다. 선배가 고객과 소통하는 방식, 관광 동선을 짜는 요령을 곁눈질하며 배웠다. 그렇게 서서히 감을 익힌 끝에 마침내 내 이름을 걸고 홀로 가이드를 시작했다.

초보였던 내게 처음 맡겨진 일은 비교적 상대하기 수월한 젊은 신혼부부들을 위한 허니문 가이드였다. 봉고차에 이들을 태우고 관광지를 돌며 일정을 소화했다. 솔직히 단체 관광객을 상대하는 것보다 수익은 훨씬 적었다. 가이드의 수입 구조는 결국 여행객들이 지정된 쇼핑센터에서 물건을 구매해야만 발생했기 때문이었다. 하지만 나는 그것보다 더 중요한 게 있다고 믿었다. 내 손에 맡겨진 이들이야말로 소중한 **'고객'**이라는 생각으로, 최선을 다해 최고의 장소로 안내했다.

2000년, 태국에서의 여행 가이드는 단순한 안내원이 아니었다. 가이드는 여행 전체를 총괄하는 **'지휘자'**이자 분위기를 끌어올리는 **'연출가'**였다. 손님들을 맞이하는 순간부터 일정이 끝날 때까지, 그들의 표정과 목소리를 살피며 흐름을 주도해야 했다.

능숙하게 현지어와 한국어를 오가며 긴장을 풀어주고, 중간중간 유머를 던져 웃음을 이끌어내는 것도 가이드의 몫이었다.

하지만 나는 처음 가이드 일을 시작한 데다 태국에 온 지 얼마 되지 않아 태국어를 능숙하게 구사하지 못했다. 그래서 태국인 보조원 한 명을 데리고 다니며 부족한 부분을 채워야 했다.

여행객들은 가이드를 단순한 **'안내자'**가 아니라, 낯선 땅에서 기댈 수 있는 든든한 보호자로 여겼다. 당시 가이드들의 주요 수입원은 옵션 투어나 쇼핑센터 방문에서 발생하는 커미션이었다. 그래서 정규 일정 외에도 보석 매장, 라텍스 매장, 기념품점 등을 들르는 것이 일상처럼 이어졌다.

방콕 공항에 발을 내딛는 순간, 후끈한 열기와 특유의 향신료 냄새가 온몸을 감쌌다. 그날 내가 인솔한 건 단 한 쌍의 신혼부부였다. 손을 맞잡은 채 설레는 눈빛을 주고받는 모습에서, 이 여행이 평생 한 번뿐인 특별한 여정이라는 걸 직감했다.

호텔에 짐을 풀자마자 곧장 짜오프라야강의 유람선으로 안내했다. 물결 위로 번져가는 불빛과 연주 소리가 어우러지는 밤, 신혼부부는 강가의 야경을 바라보며 서로의 어깨에 기대었다. 나는 한 발짝 떨어진 자리에서, 그 순간이 오래도록 기억으로 남기를 바랐다. 다음 날 아침, 왕궁의 금빛 지붕이 태양에 반짝일 때, 두 사람은 나란히 걸음을 맞추며 천천히 사원 안으로 들어섰다.

대리석 바닥의 차가운 감촉, 향 가득한 공기, 그리고 웅대한 와불상 앞에서 고개를 들어 올리던 모습은 그 자체로 한 폭의 장면이었다.

셋째 날 새벽, 우리는 수상시장으로 향했다. 좁은 물길 위를 흔들리며 나아가는 배에 앉아 두 사람은 열대과일을 나누어 먹으며 웃음을 지었다. 과일의 달콤한 향과 수상가옥 사이를 스치는 바람이 뒤섞였고, 그 속에서 두 사람은 한층 더 다정해 보였다. 오후에는 보석 매장을 찾았다. 화려한 빛을 내뿜는 진열장 앞에서 신부의 손가락에 반지가 잠시 얹히는 순간, 그 빛은 마치 두 사람의 미래를 비추는 듯했다.

마지막 날, 예전에 내가 머물렀던 최고의 호텔로 안내했다. 샹들리에 불빛이 로비를 환히 밝히자, 두 사람의 얼굴도 함께 빛났다. 대리석 바닥 위에 나란히 드리운 그림자는 마치 두 사람의 새로운 시작을 축복하는 듯했다.

나는 속으로, 이 순간만큼은 그들에게 평생 잊히지 않을 선물이 되어야 한다고 다짐했다.

신혼부부가 객실에 들어가고, 나는 홀로 내 방으로 향했다. 묵직한 문을 열고 들어선 순간, 불과 몇 해 전의 장면이 겹쳐 떠올랐다. 그 호텔은 단순한 숙소가 아니었다. 인천지구 JC 회장으로서 아태 컨퍼런스를 주최하며 인생의 정점에 서 있다고 믿었던 무대였다. 그때 나는 턱시도를 차려입고 반짝이는 조명을 온몸으로 받으며 연단에 올랐다. 박수와 환호는 파도처럼 밀려왔고, 눈부신 샹들리에와 대리석 로비 한복판에서 세상이 모두 내 것인 양

우쭐했다. 그날의 나는 분명 무대 위의 주인공이었다. 하지만 지금, 같은 호텔의 객실에 몸을 눕힌 내 모습은 달랐다.

넥타이 대신 구겨진 셔츠, 구두 대신 닳아빠진 샌들. 피곤함에 절은 몸을 베개 위에 내려놓는 순간, 억눌렀던 감정이 터져 나왔다. 화려했던 과거의 기억은 잔인한 그림자가 되어 내 가슴을 짓눌렀고, 베개는 눈물로 흠뻑 젖어갔다. 객실 창문 너머로 비치는 불빛마저 내겐 냉정한 조소처럼 다가왔다.

그렇게 한참을 목 놓아 울었다. 마치 과거와 현재가 한 호텔의 벽 안에서 정면으로 부딪히는 듯했다. 그때는 환호와 조명이 나를 삼켰지만, 지금은 침묵과 어둠만이 곁을 지켰다. 그러나 이상하게도 눈물이 다 마른 뒤 찾아온 건 좌절이 아니라 묘한 담담함이었다. **'이 또한 인생의 한 조각이구나. 언젠가 다시 일어서기 위해 거쳐야 할 과정일 뿐이다.'** 그렇게 스스로를 달래며 마음을 다잡았다. 무너져 내려도 끝내 다시 딛고 일어서야 한다는 다짐, 그날 새벽 내 안에서 다시 살아났다.

두 번째 손님은 두 쌍이었다. 한 쌍은 이제 막 서른을 넘긴 젊은 부부였고, 또 다른 쌍은 예순을 훌쩍 넘긴 노부부였다.

허니문은 또래끼리 공감대를 형성해야 일정이 한결 수월한데, 세대 차이가 큰 두 쌍을 함께 모시는 일은 쉽지 않았다. 서로의 리듬과 웃음이 달랐고, 그 간격을 메우는 책임은 온전히 내 몫이었다.

산호섬 일정에서 사건이 일어났다. 바다는 옥빛으로 반짝였고, 햇살은 파도 위에서 눈부신 조각처럼 흩어졌다.

젊은 부부는 발끝만 물에 담그며 사진을 찍고 있었지만, 할아버지는 갑자기 상의를 벗더니 힘자랑이라도 하듯 깊은 바다로 걸어 들어갔다. 그곳은 수영이 금지된 구역이었고 파도는 거칠었다. 곧 그의 몸은 조류에 휩쓸리며 위태롭게 흔들렸다.

나는 곧장 제트스키를 몰아 바다로 뛰어들었다. 엔진 소리가 귀를 찢듯 울렸고, 물보라가 시야를 가렸다. 가까스로 그의 팔을 붙잡아 끌어올렸을 때는 이미 얼굴이 퍼렇게 질려 있었다. 모래사장 위에 눕히자, 등줄기는 식은땀으로 젖어 있었다. 조금만 늦었더라면 큰 화를 피하기 어려웠을 상황이었다.

우여곡절 끝에 산호섬 일정을 마치고 호텔로 돌아왔다. 이어 선택 관광으로 악어농장 체험을 제안했다. 1인당 20달러의 비용이 붙는 옵션이었는데, 두 쌍 모두 가겠다고 했다. 그러나 막상 호텔 로비에서 비용을 받으려 하자 노부부는 공짜인 줄 알았다고 하시며 빠지겠다고 했다. 결국 젊은 부부만 모시고 농장으로 이동했다.

농장에 도착한 지 채 십 분도 지나지 않아 휴대전화가 요란하게 울렸다. 태국인 보조 가이드가 다급하게 쏟아내는 말을 알아듣기 어려웠지만, 단 한 마디만은 똑똑히 귀에 들어왔다.

"따이레오." 영어의 **'die'**와 태국어의 **'했다'**가 합쳐진 말이었다. 누군가 세상을 떠났다는 뜻이었다. 순간 손에 들린 전화기가 얼음덩이처럼 차갑게 느껴졌고, 여행의 공기와 웃음은 단숨에 얼어붙었다.

나는 심각한 표정으로 호텔로 복귀했다. 알고 보니 힘을 과시하듯 바다로 멀리 나갔던 할아버지가 결국 조류를 이기지 못하고 세상을 떠난 것이었다. 가이드로 나선 지 두 번째 일정에서 이런 일이 벌어지니 정신이 와르르 무너져내렸다.

'왜 하필 나에게 이런 고통이 닥쳐야 하는가.' 자책과 혼란이 얽히며 머릿속은 새하얘졌다.

급히 현지 사장에게 연락을 취했고, 시신 처리 절차를 밟아야 했다. 당시 태국에서는 외국인이 사망하면 반드시 경찰 병원으로 이송되는 규정이 있었다. 의료와 행정 체계가 지금처럼 정비되지 않았던 시절이라 절차는 더뎠고, 현장은 어수선했다. 곧바로 유가족에게 연락을 드렸다. 유가족이 곧장 태국으로 와서 거세게 항의할 것이라는 두려움이 가슴을 짓눌렀다.

정신적으로 감당하기 어려운 시간이었다. 병원 밖 벽에 등을 기대고 앉아 담배를 붙였는데, 그 순간 깨달았다. 내가 앉아 있던 곳이 단순한 의자가 아니라 시신이 놓였던 들것이었다는 사실을. 병원은 시설이 열악했고, 사고나 질병으로 숨진 이들의 시신이 넘쳐 복도와 바깥까지 놓여 있는 참혹한 상황이었다. 연기가 목구멍을 타고 내려갔지만, 오히려 그 연기조차 울분과 공포를 삼키는 방편이었다.

그날, 나는 화려한 관광지의 이면에 숨겨진 태국의 현실을 온몸으로 마주했다. 환호와 웃음으로 포장된 관광업의 무대 뒤편에는 사고와 죽음, 그리고 이를 감당해야 하는 누군가의 무너진 심장이 자리하고 있었다.

시간이 지나자, 고인의 아들과 그의 친구가 병원으로 먼저 도착했다. 두 사람은 복도에 서서 나를 향해 계속 고개를 갸웃거리며 살폈다.

처음에는 **'이제 나를 향해 원망의 말을 쏟아내려는 건가'** 하는 불안감이 밀려왔다. 그러나 뜻밖에도 그들은 충북 JC 회원들이었고, 내가 과거 한국 JC 연수원장을 지낸 이력 덕에 이미 나를 알고 있던 이들이었다. 아들은 오히려 반갑게 내 손을 잡으며 속사정을 털어놓았다.

그의 이야기는 애잔했다. 초등학교 시절, 아버지는 가정을 버리고 바람이 나 첩과 함께 안양에서 개인택시를 하며 살았다고 했다. 그러나 세월이 흐르며 첩이 재산을 모두 팔아버리고 떠났고, 아버지는 결국 고향 청주로 돌아와 가족과 다시 함께 살아보자는 마음을 품게 되었다는 것이다. 이번 태국 여행은 그런 화해와 새로운 출발의 의미로 마련된 자리였다. 그러나 뜻밖의 바다사고가 모든 것을 뒤엎고 말았다.

슬픔 속에서도 가족의 태도는 의외였다. 할머니는 어차피 함께할 인연이 아니었을 뿐, 이는 가이드의 잘못이 아니라며 오히려 내 어깨를 다독여 주셨다. 그 말씀에 가슴이 뜨겁게 벅차올랐다. 이후 나는 유족과 함께 고인에게 마지막 예를 다했다.

태국 시장을 돌며 맞는 옷을 구해 수의를 대신하고, 알루미늄관에 모신 뒤 용접해 봉인했다. 그렇게 준비된 관은 비행기에 실려 고향으로 향했다. 모든 절차가 끝났을 때, 아들은 나를 조용히 불러 끝까지 도와줘서 감사하다며 내 손에 300달러를 쥐여주었다.

나는 지금도 그 300달러의 무게를 잊지 못한다. 그것은 단순한 돈이 아니라, 한 가족의 아픔 속에서 내게 건넨 위로와 신뢰의 증표였다. 그렇게 나는 1년 6개월 동안 가이드 일에 온 정신을 집중했다. 새벽부터 밤까지 이어지는 일정 속에서 몸은 지쳐갔지만, 그만큼 노하우가 쌓였고, 손님을 맞이하는 법과 위기 상황을 수습하는 법에도 자신감이 붙었다. **'이제는 나도 이 길로 평생을 살아가야겠다'**라는 결심이 서면서, 독립해 내 이름으로 사업체를 꾸리기로 했다.

2002년, 직원 두 명과 함께 작은 사무실에서 시작한 여행사는 불과 5년 만에 눈부시게 성장했다. 2007년에는 방콕에서 손꼽히는 여행사로 자리매김할 수 있었다.

사업이 궤도에 오르자 나는 더 큰 집으로 이사했고, 차량 번호 3785가 새겨진 도요타 신차 포츄너를 직접 뽑았다. 대학교 시절 부모님이 사주셨던 차와는 전혀 다른 감격이었다. 이번에는 누군가가 마련해준 것이 아니라, 타지에서 아무것도 없이 맨바닥부터 시작해 내 힘으로 일군 결과였기 때문이었다. 그 번호판은 초보 가이드에서 방콕의 여행사 대표로 우뚝 선 증거이자, 내 삶의 전환점을 보여주는 상징이었다. 차를 몰고 나오던 날, 가장 먼저 태워주고 싶은 사람은 막내아들이었다. 큰아들과 큰딸은 옥외광고 사업을 통해 한국에서 부족함 없이 성장했지만, 막내아들은 태국에서 힘든 시절만 함께 보냈다.

이렇게 밑바닥부터 함께 살아온 우리 가족은 생활력이 강했고, 어려움 속에서도 긍정적인 마음가짐으로 자라날 수 있었다.

여행사가 안정되자 나는 아이들의 미래를 위해 새로운 결단을 내렸다. 여유 있는 집안이라면 흔히 유럽 유학을 선택했겠지만, 나는 오히려 한국으로 보내는 길을 택했다.

한국에서 쌓은 인연은 성인이 되었을 때 좋은 친구이자 전우가 될 수 있다고 생각했기 때문이다. 대치동에 방을 마련해주고, 막대한 학원비와 생활비, 주거비를 감당하며 경기고등학교에 진학시켰다. 아이들에게는 결코 가볍지 않은 부담이었지만, 나는 늘 그들의 어깨를 다독이며 말했다. **"내가 사는 이유는 너희다. 내 하루의 무게는 모두 너희의 내일을 위한 것이다."** 그 마음 하나로 모든 고단함을 견뎌낼 수 있었다.

지금 돌아보면, 그 말은 단순한 위로가 아니라 내 삶 전체를 지탱해 왔던 신념이었다. 아이들은 결국 좋은 대학을 졸업하고 저마다의 자리에서 밥벌이를 하며 살아가고 있다.

나는 비로소 가장으로서 책임을 다했다는 안도감, 그리고 지난 고생이 헛되지 않았다는 깊은 위안을 느낀다. 시간이 흐르면서 나는 하와이에서 받았던 따뜻한 도움의 기억을 되새기며 태국에 해병대 전우회를 만들었다. 그곳에서 수석 부회장을 맡아 활동하면서 자연스레 많은 인연이 이어졌다. 그러던 중 나는 여행사를 정리하게 되었고, 인생은 또 다른 길로 나를 이끌었다.

태국에는 다국적군의 연합훈련이 주기적으로 있었는데, 한국 해병대 역시 참가했다. 어느 날 군함이 선착장에 들어왔다는 소식을 듣고 나는 주저 없이 달려갔다. 해병대 전우회의 이름으로 한국 해병대 대원들을 초대해 따뜻한 밥 한 끼를 대접하며, 낯선 땅에서 그들에게 작은 위로와 동지애를 나눴다.

2012년, 군함이 다시 들어왔을 때였다. 예상보다 상황은 훨씬 더 긴박했다. 군인들은 고된 일정에 지쳐 있었고, 돌발 상황이 끊이지 않아 훈련 보조를 맡았던 에이전시가 끝내 손을 들고 도망쳐 버렸다. 곧바로 내게 연락이 왔다.

그 순간 나는 망설임도 없이 현장으로 달려갔다. 수백 명의 군인들이 우왕좌왕하는 혼란스러운 상황 속에서, 나는 무너진 훈련 일정을 하나하나 재조율했다. 앞으로 이어질 7일간의 훈련을

[해병대 2012 태국 코브라골드 연합훈련]

완벽히 보조하기 위해 밤을 새워가며 계획을 다시 짜고, 기름을 공급하고, 식자재를 조달했다. 군인들이 굶지 않고 훈련에만 몰두할 수 있도록 발로 뛰며 빈틈을 채워 넣었다.

그렇게 우연처럼 시작된 일이 내 직업이 되었고, 나는 법인을 하나 세워 그 일을 본격적으로 운영하게 됐다. 정치를 시작하기 전까지는 내 모든 시간을 그 일에 쏟았다. 지금은 대표이사 자리를 후배에게 물려주었지만, 여전히 고문으로서 매년 2월이면 태국을 찾는다. 돈을 벌 수 있다는 의미를 뛰어넘어, 나를 이 자리까지 오게 해준 소중한 인연을 끊고 싶지 않기 때문이다.

2012년 다시 한국으로 돌아왔을 때, 내앞에는 잡히는 일도, 그려지는 미래도 없었다. 모든 것이 불확실했고, 어디서부터 다시 시작해야 할지조차 알기 어려운 시기였다.

태국에서 모아둔 돈으로 근근이 생활을 이어갔지만 오래 손 놓고 있을 수는 없었다. 마침, 친한 선배가 건설회사를 운영하고 있었고, 내게 영업을 맡아보지 않겠느냐는 제안을 했다. 처음에는 낯설었지만, 나는 특유의 끈기와 사람을 대하는 성실함으로 발로 뛰었다. 건설업은 단순히 집을 짓는 일이 아니었다. 수많은 이해관계와 계약, 신뢰 위에서만 움직이는 세계였다.

낮에는 공사 현장을 돌아다니며 안전모를 쓰고 진흙 위를 밟았고, 밤에는 거래처와 술잔을 기울이며 신뢰를 쌓았다. 돌이켜보면, 그 시절은 내 인생의 또 다른 시험대였다.

영업은 숫자로 평가받는 냉정한 자리였지만, 나는 **"사람이 곧 자산"**이라는 태도로 상대를 대했고, 덕분에 회사는 큰 프로젝

트 몇 건을 따낼 수 있었다. 그러던 중, 대학 시절 시골에서 상경해 홀로 자취하던 친한 친구가 생각났다.

세월이 흘러 그는 기계 제작 회사를 운영하고 있었고, 인연의 끈은 다시 나를 그곳으로 이끌었다. 나는 선배에게 정중하게 사과드리고 친구가 운영하는 회사의 이사로 합류했다. 명함에 적힌 **'이사'**라는 직함은 단순한 직책 이상의 의미였다.

친구와 함께 회사를 꾸려가는 과정에서 나는 현장과 사무실을 오가며 여러 역할을 맡았다. 때로는 거래처와의 미팅에서 회사를 대표해 계약을 조율했고, 때로는 공장 바닥에 내려가 기술자들과 땀을 흘리며 작업을 지켜봤다. 낯선 산업 분야였지만, 친구의 신뢰에 보답해야 한다는 마음으로 맡은 일을 성실히 해냈다. 그곳에서의 시간은 내게 또 다른 배움의 기회였다. 어려운 시절 서로를 도와주던 인연이 결국 사업의 동반자가 되어 이어졌다는 사실만으로도, 내 삶에서 큰 의미가 있었다.

[2012 태국 코브라골드 기념주화]

경선의 환희, 본선의 침묵

2000년에 정치를 내려놓은 뒤 내가 다시 이 길로 돌아온 이유는 단순하지 않았다.

첫 번째 이유는 JC에서 함께 활동했던 동기와 선후배들의 변화였다. 시간이 흐르며 그들 중 일부는 눈부신 성공을 거두어 재벌 기업의 오너가 되거나 큰 자산가로 성장해 있었다. 한때 나란히 걸었던 이들이 수백억, 수천억의 자산을 움직이며 언론에 오르내리는 모습을 보면서, 내 마음에는 알 수 없는 질투와 아쉬움이 교차했다. **'만약 내가 사업 실패를 겪지 않고 한국에 남아 있었다면, 지금쯤 저 자리에 있지 않았을까.'**라는 생각이 깊은 자책으로 파고들었다. 그와 동시에 나는 스스로에게 수없이 물었다. 나는 이대로 무너져도 되는가. 나는 어떻게 나 자신을 증명할 수 있을까. 그 질문 끝에 남은 답은 명예였다. 돈으로는 이미 늦었을지 몰라도 사람과 명예로는 다시 설 수 있지 않겠는가. JC 시절부터 사람들 속에서 인정받고 신뢰를 얻었던 내 성향을 살려, 많은 이들의 뜻을 모으고 존경받는 길로 나아가자고 결심했다.

두 번째 이유는 내 안에 오래 자리해온 리더의 본능이었다. 학창 시절 궂은 일을 도맡으며 앞에 서기를 주저하지 않았고, 해병대전우회에서는 전우들을 이끌며 책임을 배웠으며, JC 활동에서는 누구보다 적극적으로 목소리를 내며 사람들을 모아냈다.

늘 무대 한가운데 서 있던 내 성향은 세월이 흘러도 쉽게 사라지지 않았다.

비록 경제적으로 넉넉하지 않았지만, 정치라는 무대에서는 사람을 모으고 그 힘으로 도시를 바꾸어낼 수 있었다. 내 고향 인천을 위해 흩어진 뜻을 모아보자는 마음이 점점 커져갔다. 2010년대 잠시 한국에 돌아왔을 때, 정치권의 일부 인사들이 나를 주목했다. 몇몇 의원들은 가 선거구를 주겠다며 구의원으로 시작해 보라는 제안을 하기도 했다. 그러나 내가 처음부터 세운 목표는 분명했다. 시작은 광역의원이어야 었다.

그리고 마침내 2016년, 정치를 떠난 지 16년 만에 다시 이 길에 발을 들였다. 내게는 커다란 도전이자 모험이었다. 1년 동안 시의원을 준비했지만, 현실은 녹록지 않았다. 이미 후배들은 시의원과 구의원 자리를 굳히고 있었고, 사람들은 **"16년 만에 돌아온 사람이 무슨 정치를 하겠느냐, 경선조차 힘들 것이다"**라며 고개를 저었다. 그러나 그 말들은 오히려 나를 자극했고, 더 치열하게 준비할 수 있는 불씨가 되었다.

경선 구도는 3인 대진이었다. 장관 보좌관 출신 경쟁자와 지역 기득권 축과 맞섰다. 나는 표의 근거를 동 단위 명부, 시간대별 접촉, 사전투표 전환율로 쪼개 추적했다. 하루 3회 팀 브리핑으로 결손 구역을 메웠고, 토론 · 좌담은 1:1 문답형으로 바꿨다. 내부 이견은 밤 회의로 정리했다. 결선 막판, 나의 성실함과 정직함이 싸움이 승부를 결정지었다. 안 된다고 말했던 사람들에게 버젓이 경선을 이긴 나의 모습을 보여줄 수 있었다. 나에게 있어 경선의 의미는 이러했다. **'당내 경선=사실상 본선'**이었다. 그러나 2018년 제7회 지방선거는 달랐다.

자유한국당은 강화를 제외한 인천 대부분 지역에서 패했고 나 역시 본선에서 졌다. 경선의 승리와 본선의 패배 사이, 나는 많은 깨달음을 얻었다. **'정치는 바람을 타고 그 흐름을 읽어야 하는구나.'** 나는 패배를 실감하고 차마 집으로 들어갈 수 없었다.

[제7회 지방선거 홍보물 2018. 06. 13]

부모님이 위로하며 눈물을 보이실까 두려웠다. 그 눈물이 오히려 나를 무너뜨릴 것 같았기 때문이었다. 나는 다음 날 새벽 다섯 시가 되어서야 겨우 집으로 발걸음을 돌렸다. 모든 가족이 잠든 줄 알았지만, 아버지는 내 방 앞에서 홀로 기다리고 계셨다. 언제나 강인하고 단단하기만 하셨던 아버지는 내 낙선 소식을 가슴에 담아두셨다가 마침내 내 앞에서 눈시울을 붉히셨다. 이번에는 비록 결과가 좋지 않았지만, 반드시 다음 기회가 있을 것이니 포기하지 말고 끝까지 해보라는 말씀이 이어졌다.

그 따뜻한 격려와 함께 흘리신 아버지의 눈물은 내게 평생 잊을 수 없는 위로이자 다시 일어설 힘이 되었다. 그 순간 이후 나는 흔들림 없이 이 길을 걸어오고 있다.

[새벽에 인천시의원 당선증을 받고 아버님 영전에 바쳤다]

인천광역시의회 의원이 되다

지난 선거를 돌아보며 나는 뼈아픈 깨달음을 얻었다. 정치라는 세계는 한 개인의 능력이나 성실함만으로 뚫고 나갈 수 있는 곳이 아니었다. 민심은 예측할 수 없는 바람처럼 흘렀고, 때로는 그 거대한 흐름 앞에서 아무리 준비된 개인이라도 속수무책으로 휩쓸릴 수밖에 없었다.

그 사실을 몸으로 체험한 뒤, 정치는 결코 혼자만의 힘으로 할 수 있는 싸움이 아니라는 것을 깊이 인식하게 되었다. 동시에 우리 당 역시 변화가 필요하다는 결론에 도달했다. 그 변화는 단순히 외형이나 구호가 아니라, 사람들의 마음을 얻고 다시 신뢰를 회복하는 진정성에서 출발해야 한다는 확신이 생겼다.

무엇보다 그때부터 나를 이끈 원동력은 **'가족에게 반드시 보답해야 한다'**라는 간절한 마음이었다. 지난 실패로 인해 부모님과 아내가 겪었던 고통은 이루 말할 수 없을 정도로 컸다. 그들의 눈물과 인내를 헛되이 만들 수 없다는 생각에, 나는 스스로를 더욱 매섭게 다그쳤다. 패배를 경험한 뒤의 4년은 내 인생에서 가장 길고도 치열한 시간이었다. 지역 구석구석을 찾아다니며 주민들의 목소리를 들었고, 작은 민원 하나도 허투루 넘기지 않으려 애썼다. **마치 장수가 전쟁을 앞두고 매일 무기를 닦듯이, 나는 몸과 마음을 단련하며 다시 올 기회를 준비했다.** 그 4년은 단순한 시간이 아니라, 명예를 되찾고 반드시 이겨야 한다는 각오로 가득한 와신상담의 시간이었다.

그러나 세상은 늘 예기치 못한 시련을 안겨주었다.

제8회 전국동시지방선거를 불과 이틀 앞둔 2022년 5월 30일, 아버지께서 세상을 떠나셨다.

5월 31일 밤 11시, 마지막 선거 운동을 마치고 지친 몸을 이끌고 집으로 돌아왔을 때 비로소 아버지의 부고를 접했다.

어머니는 끝까지 그 사실을 숨기셨다.

이번 선거가 내 인생의 마지막 기회일지 모른다고 생각하셨기에, 혹여나 방해될지 두려워 차마 말씀을 못 하셨다. 아버지의 부고를 뒤늦게 들었을 때, 몸속의 피가 한순간에 다 빠져나가는 듯한 충격에 휩싸였다.

개표가 이어지던 6월 1일 밤, 3개월 동안의 경선과 본선 선거운동, 그리고 아버지의 부고까지 겹치며 나는 지탱하던 마지막 힘조차 소진되고 있었다. 밤 11시, 결국 탈진한 몸은 바닥에 주저 앉듯 쓰러졌다.

와이프는 **"당선 확정을 봐야지"** 라며 내 곁을 지켜줬고, 어머니는 선거와 장례가 동시에 닥친 내 상황을 헤아리며 아버지의 장례를 5일장으로 치르기로 조용히 마음을 내리셨다.

새벽 4시 10분, 선거관리위원회에서 당선증을 받으라는 연락이 왔다. 그러나 마음속에는 기쁨 대신 깊은 공허함만이 자리했다. 경선의 치열한 과정, 본선에서의 긴 싸움, 그리고 아버지의 갑작스러운 부고까지… 한꺼번에 덮쳐온 현실은 나를 무겁게 짓눌렀다.

당선증을 받으러 선거관리위원회에 들어서는 순간에도 발걸음은 무겁기만 했다. 양복을 차려입고 받아 들었던, 그 한 장의 종이는 승리의 환희가 아니라 깊은 슬픔과 허망함으로 손끝을 떨리게 했다. 당선증을 쥐자마자 곧장 장례식장으로 향했다. 아버지의 영정 앞에 무릎을 꿇고 당선증을 올려드리며 깊이 절을 올렸다. 사람의 귀는 죽음 이후에도 사흘 동안은 열린 채로 남아 있다는 이야기가 떠올랐다. 돌아가신 지 사흘째 되는 날, 영전에서 당선 소식을 전할 수 있었던 것이 그나마 위안이었다.

아버지는 분명 내 마음의 소리를 들으셨으리라 믿었다. 그리고 이 모든 길을 함께 걸어온 아내가 있었다. 사업 실패로 가장 힘들었던 시절부터, 다시 정치를 시작하고 한결같이 곁을 지켜준 사람이었다.

나는 아내에게 이제는 편히 쉬라고, 더 이상 일하지 않아도 된다고 수없이 말했지만, 아내는 오히려 가만히 있으면 몸이 더 아프다며 끝까지 일을 이어갔다. 그 모습을 볼 때마다 가슴은 미안함과 감사함으로 벅차올랐다. 그녀의 헌신과 강인함이 있었기에 나는 쓰러지지 않고 버틸 수 있었다.

아버지의 눈물, 어머니의 헌신, 아내의 뒷바라지, 그리고 가족 모두의 인내가 있었기에 나는 이 길을 끝까지 걸어올 수 있었다. 정치란 결국 혼자가 아니라 함께 가는 길임을, 나는 내 삶과 가족을 통해 배웠다.

[제9대 인천광역시의회 의원등록 2022. 06. 13]

[산업경제위원장_경기일보 2022. 07. 13]

산업경제위원회 위원장의 네 가지 과제

2022년, 나는 산업경제위원장으로서 인천시민들이 일상에서 체감할 수 있는 변화를 반드시 만들어내야 한다는 강한 사명감을 가졌다. 초선이라는 꼬리표가 늘 따라다녔지만, 그것을 넘어서기 위한 길은 결국 실력과 실천뿐이라는 생각이 흔들림 없이 자리 잡고 있었다. 그때 내가 세운 가장 큰 목표는 네 가지였다.

[산업경제위원회 강화군지역 현장방문 2022. 08. 11]

첫째는 원도심과 신도심의 격차 해소였다.

특히 연수구의 현실을 직접 마주했을 때, 인구 규모만 보자면 원도심과 송도는 비슷했지만, 두 지역을 연결하는 교통망은 전혀 균형을 이루지 못하고 있었다. GTX-B 노선에서 원도심 정차역이 빠져 있다는 사실은 단순한 교통 문제가 아니라, 지역 간 불평등을 드러내는 상징처럼 다가왔다. 나는 이 문제를 바로잡는 것이 정치의 출발점이라고 믿었고, 그 신념은 이후 내 의정 활동 전체를 관통하는 나침반이 되었다.

둘째 현안은 노후 아파트의 안전 문제였다.

지어진 지 30년 가까이 된 단지 곳곳에서 균열이 드러나고, 천장에서 물이 새는 일이 반복되었다. 그러나 당시 제도상 35년이 지나야만 안전진단을 받을 수 있었다. 법과 현실 사이의 괴리가 시민의 안전을 위협하는 모순이었다.

이 현실 앞에서 나는 정치인의 역할을 다시 성찰했다. 종이 위의 숫자에 갇혀 시민의 불안을 외면하는 것은 결코 올바른 정치가 아니라고 확신했다. 그래서 반드시 해결해야 한다는 결심을 굳혔다. 내가 제시한 해법은 분명했다. 첫째, 안전진단 기준을 35년에서 30년으로 낮추는 것이었다. 이는 **'선제적 안전관리'**라는 원칙을 세워 더 늦기 전에 주민의 안전을 확보하기 위한 절박한 조치였다. 둘째, 안전진단 비용을 시가 전액 부담하도록 하는 조례를 추진하는 것이었다. 경제적 이유로 진단을 미루는 일이 없도록 하고, 시민들의 걱정을 근본부터 덜어내기 위한 선택이었다.

셋째 과제는 청년 일자리와 중소기업 육성이었다.

대기업 유치만으로는 고용의 질과 양을 모두 채울 수 없었다. 도시의 경제를 오래 지탱하는 힘은 결국 청년과 함께 뛰는 중소기업에 있다는 확신이 있었다. 그래서 나는 인천시 집행부와 긴밀히 협력하며 청년과 기업 모두를 위한 실질적 정책 마련에 집중했다. 청년들에게는 취업 역량을 높일 수 있는 맞춤형 교육 프로그램을 제공했다. 단순히 스펙을 쌓는 교육이 아니라, 현장 실습과 연계된 실질적 훈련으로 취업의 문턱을 낮추려 했다.

중소기업에는 안정적으로 인재를 확보할 수 있도록 제도적 · 재정적 지원을 약속했다. 구인난으로 성장을 멈추는 일이 없도록 안전망을 덧댔다.이 정책은 단순한 일자리 대책이 아니었다.

인천을 **'청년이 기회를 찾고 정착하는 도시'**로 만들기 위한 장기적 프로젝트의 출발점이었다. 청년이 머무는 도시가 곧 미래를 품는 도시라는 믿음이 나를 움직였다.

넷째 과제는 코로나19로 무너진 지역경제를 되살리는 일이었다. 당시 그것은 가장 절박한 현안이었다.

나는 인천사랑상품권(인천e음) 예산 확보, 소상공인 경영안정 자금 지원, 취약계층과 복지시설 연료비 지원 같은 정책들을 단순한 행정 절차가 아니라 시민의 삶을 지켜내는 방파제로 여겼다. 지역경제를 지탱하는 작은 가맹점과 골목 상권이 무너지면 그 피해는 곧바로 시민들에게 돌아올 수밖에 없었다. 특히 인천e음카드는 시민 생활과 직결된 대표적 정책이었다.

[제7차 산업경제위원회 임시회 2022. 07. 14]

[인천지역화폐 인천e음카드]

2023년 1월, 캐시백 예산이 부족해 운영이 위태로운 상황이 있었지만, 나는 생활밀착형 정책을 축소하는 것은 옳지 않다고 판단했다. 빠듯한 재정 여건 속에서도 추경을 통해 852억 원을 추가 확보했고, 그 결과 연매출 3억 원 이하 가맹점은 10%, 3억 원 초과 가맹점은 5%로 캐시백 요율을 상향할 수 있었다.

이어 새해 예산에도 e음카드 관련 항목을 반드시 반영했고, 국비까지 추가로 확보해 안정적인 운영 기반을 마련할 수 있었다. 시민들이 큰 관심과 애정을 갖는 정책이었기에, 더 다양한 서비스와 혜택을 얹어가야 한다는 책임감 또한 깊어졌다.

그 시절 나는 산업경제위원장의 자리가 단순히 의회의 한 자리가 아니라고 생각했다. 그것은 인천의 실물경제를 살리고 시민의 삶을 바꾸는 출발점이어야 했다. 그래서 언제나 시민이 체감할 수 있는 정책, 안전과 일자리, 그리고 균형 발전을 나 자신의 사명으로 품고 흔들림 없이 밀고 나갔다.

03 장

열린 의회 더 나은 인천을 향하여

제9대 인천광역시의회 후반기 의장이 되다

사람 살기 좋은 도시 인천

열린의회

호놀룰루에서 만난 부지사

지난 날을 돌아보며

[제9대 인천광역시의회 후반기 의장 당선 인사]

그 길에 대한민국의 내일이 있다

첫째, 나는 사람을 줄 세우지 않았다.

둘째, 나는 감정과 일을 분리했다.

셋째, 나는 약한 위치를 먼저 살폈다.

내가 당선될 수 있었던 이유를 하나로 말하기는 어렵다. 굳이 정리하자면, 나는 자리를 목표로 삼지 않았다. 함께 일하는 관계를 먼저 세웠고, 절차와 기록을 먼저 세웠다. 정치가 생활이라면, 생활을 흐트러뜨리지 않는 사람이 의정도 흐트러뜨리지 않는다. 나는 오늘도 같은 방식을 반복했다. 흔들리지 않는 반복이 나의 힘이었다.

[제9대 인천광역시의회 후반기 개원식 2024. 07. 03]

제9대 인천광역시의회 후반기 의장이 되다

2024년 7월 3일, 제9대 인천광역시의회 후반기 개원식이 끝나자, 박수 소리가 서서히 가라앉았다.

나는 자리에서 일어나 사무처 배치표와 업무 흐름도를 다시 펼쳤다. 말로 약속을 늘리기보다, 먼저 동선을 바로잡아야 했다.

사무처 조직을 재정비했다. 꼭 필요한 인력을 필요한 자리에 놓고, 시민과 사회단체가 들어오는 창구를 한 갈래로 모았다. 누가 받아 응답하고, 언제까지 처리하며, 어디에서 점검하는지 책임선을 문서 첫 줄에 올렸다.

소통 강화는 구호가 아니라 응답 기준과 회신 시점으로 드러나야 했다. 그 시간의 의미를 나는 이렇게 정리했다. 의장은 약속을 남기는 사람이 아니라, 작동하는 절차를 남기는 사람이었다. 동료 의원들의 견제와 감시는 그 절차의 안전장치가 되었다.

기록과 점검이 겹쳐질 때 비로소 **'지원'**이라는 말은 시민에게 닿는 실감으로 바뀌었다. 나는 그 뒤에도 같은 방식으로 문서를 업데이트했다. 이름과 책임선, 회신 시점, 복구 절차. 그 네 줄이 의회의 하루를 단단히 붙들어 주었다.

(1) 협치란, 연결입니다

인천광역시의회 후반기 의장의 시작에서 나는 마음속으로 순서를 정했다. 먼저 듣고, 다음에 정리하고, 끝까지 남긴다는 원칙이었다. 동료 의원들의 목소리, 문을 열어둔 의장실로 들어오는 민원, 각 상임위에서 올라오는 의견들이 흩어지지 않게 기록으로 묶는 과정이 곧 의장의 책임이라고 생각했다.

나는 지방정치를 다투는 자리가 아니라 살아 있는 현장을 붙잡는 자리로 보았다. 여의도의 언어와 인천의 언어는 달랐다. 중앙정치가 큰 방향을 논한다면, 지방정치는 창구 앞 시민의 표정에서 출발했다. 정당의 깃발은 달라도 민원 앞에서 시민의 목소리는 하나였다.

본회의장 전광판이 켜지고, 마이크가 달칵 소리를 내며 발언 요청 버튼 불빛이 차례로 들어오는 순간마다 나는 마음속 기준선을 다시 그었다. 이념과 당론은 다를 수 있다.

그러나 대화의 순서와 절차는 누구를 상대하든 같아야 했다.

지방의회가 중앙정치의 언어로 싸우기 시작하면 피해는 곧장 시민에게로 흘러간다. 그래서 나는 협치를 구호로 외치지 않고 운영으로 다뤘다.

첫째, 나는 사람을 줄 세우지 않았다. 내 신념과 다르거나 소속 정당이 달라도 불이익을 주지 않았다. 당시 의회는 국민의힘 26석, 더불어민주당 14석으로 구성돼 있었다. 나는 다수의 힘으로 밀어붙이지 않았고, 의무와 권한을 비례에 맞춰 나누었다. 상임위 배분과 의사진행의 우선순위를 정할 때도 같은 원칙을 지켰다. 그 결정 때문에 같은 당 일부 인사들로부터 **"왜 굳이 그렇게 하느냐"**라는 싫은 소리를 듣기도 했다. 그러나 더불어민주당 의원들에게서는 **"협치에 감사한다"**라는 연락을 받았다.

나는 칭찬을 얻으려 한 것이 아니었다. 함께 일하자는 마음, 그 자체가 더 소중하다고 생각했다.

둘째, 나는 감정과 일을 분리했다. 어느 날 이념이 다른 의원들이 시장실로 직접 찾아가 이견을 곧장 제기한 적이 있었다. 목소리가 높아질수록 나는 속도를 낮췄다. 미운 마음은 잠시였고, 일의 기준은 분명했다. 인천의 의제라면 당보다 절차가 먼저였다. 당론으로 움직여야 할 사안이라면 사전에 맥락을 공유해 달라고 요청했다. 그 자리에서 나는 갈등의 온도를 낮추고, 충돌의 시간을 짧게 만들었다.

말리기 위해서가 아니라, 왜 그런 판단에 이르렀는지 확인하기 위해서였다.

셋째, 나는 약한 위치를 먼저 살폈다. 의회 안에서 나는 어쩔 수 없는 강자였다. 그래서 더 조심했다. 말과 행동을 아꼈고, 참지 못한 순간이 있었는지 스스로 점검했다. 혹여 권한이 갑질로 비칠까 늘 경계했다. 의장의 권위는 목소리의 크기에서 나오지 않았다. 상대의 사정을 먼저 듣는 태도에서 생겼다.

질문은 정중하게 붙였고, 반론은 간명하게 세웠으며, 결정은 투명하게 마무리했다. 100%의 만족은 불가능했지만, 더 많은 사람이 수긍하는 결론은 만들 수 있었다. 나는 그것을 의장의 본분으로 받아들였다.

(2) 의원 연구단체와 정책지원관

나는 **'일하는 의회'**를 만들고 싶었다. 단순히 자리에 앉아 의견만 주고받는 방식에서 벗어나, 연구하고 토론하며 조문을 직접

[제9대 인천광역시의회 의원 단체사진 2025. 10. 14]

다듬는 흐름으로 옮겨갔다.

토론회와 공청회에서 모은 기록은 회의가 끝나자 곧장 문장으로 바뀌었다. 보고서의 문단은 조례 초안의 조항이 되었고, 초안은 상임위 심사 과정에서 다시 다듬어졌다. 의회가 시민 의견을 받아 정책 대안을 빚어내는 정책 창구로 작동한 것이다.

이 과정의 바탕에는 의원 연구단체가 있었다. 특정 현안을 함께 파고드는 협업의 장에서 문제의식은 개인의 의견을 넘어 공동의 문장으로 자라났다.

현재 인천시의회에는 24개의 연구단체가 운영되고 있으며, 전체 의원 40명 중 39명이 자발적으로 참여하고 있다. 나는 이 모임들을 하나의 정책 협업 플랫폼으로 만들었다. 논의는 공청회로 이어졌고, 공청회 기록은 곧바로 조례 문장으로 옮겨졌다.

이렇게 의회의 연구는 곧 시민의 생활을 바꾸는 제도로 이어

[제9대 인천광역시의회 후반기 단체사진 2024. 08. 28]

졌다. 또한, 정책지원관 제도는 그 흐름을 정밀하게 붙들어 주었다.

법률 조문과 예산표가 뒤엉킨 자료철을 펼치면, 붉은 펜으로 표시된 근거와 판례 요약이 먼저 눈에 들어왔다.

방대한 행정 자료를 의원이 개별적으로 감당하기 어려운 지점에서, 정책지원관은 전문성과 객관성으로 그 공백을 메웠다.

쟁점별 비교표, 예산 영향 분석, 이해관계자 의견 정리까지 한 묶음으로 준비되어 있으면, 논의는 감정이 아니라 근거 위에서 움직였다. 두 장치는 단순한 보조가 아니라 의회의 구조였다.

연구단체가 문제를 입체로 만들고, 정책지원관이 증거를 정리하면, 의회는 **'정치의 말'** 대신 **'정책의 문장'**으로 답했다. 시민에게 닿는 변화는 기록으로 확인되었다. 공청회 속기록은 발의문으로 옮겨졌고, 조항의 낱말 하나가 현장의 절차를 바꾸었다. 나는 그 길에서 과장은 덜고 검증을 더했다.

오늘도 나는 자료철의 첫 장을 넘기며 순서를 정리한다. **논의는 사람의 마음을 다치게 하지 않고, 결정은 근거로 남겨야 한다는 원칙을 지킨다.** **'일하는 의회'**는 구호가 아니라 습관이었다.

그 습관이 자리를 잡을 때, 의정은 비로소 시민의 시간과 만날 수 있었다.

[대한민국시도의회의장협의회 제3차임시회 2025. 04. 15]

대한민국시도의회의장협의회 제19대 후반기 사무총장

대한민국시도의회의장협의회 사무총장 선출

2025년 8월 11일, 대한민국시도의회의장협의회 정기회에서 나는 제19대 후반기 사무총장으로 선출됐다.

선출이 선언되자 박수가 파도처럼 밀려왔다. 나는 의장석 옆 통로를 따라 천천히 걸었다. 정면의 조명이 눈부셨다.

"개인의 영광이 아니라 시민의 성과"라는 말을 먼저 떠올렸다. 인천시의회 역사에서 처음 맡는 자리라는 설명을 들으며, 이 성과의 주인을 마음속으로 인천 시민에게 돌렸다.

사무총장은 말보다 연결로 증명해야 하는 자리였다.

의장단의 운영을 실무로 묶고, 전국 17개 광역의회가 낸 현안을 일정과 문서의 언어로 정리해 하나의 방향으로 내보내야 했다. 회의의 호흡을 맞추고, 안건의 무게를 재며, 필요하면 멈춰 되묻는 일. 나는 그 기술이 곧 지방의회의 힘이라는 것을 배웠다.

수도권을 대표하는 지방의회의 수장으로 선출됐다는 사실은, 책임의 결을 바꿔 놓았다. 수도권의 과밀과 지방의 소멸 위험, 산업구조 변화와 돌봄의 공백이 한 지도 안에서 교차했다.

나는 지역 간 온도 차를 숫자로만 읽지 않기로 했다.

현장의 언어를 회의의 문장으로 바꾸고, 그 문장이 법과 제도로 이동하는 길을 넓히는 데 집중하겠다고 다짐했다.

지방의회의 자율성과 책무성을 함께 세우고, 감시와 협력의 균형을 회의기술로 확보하며, 협의회가 **"전국 지방의회의 가교이자 지렛대"**로 기능하도록 운영의 디테일까지 바로잡겠다는 뜻을 굳혔다.

「지방의회법」 제정 논의는 그 핵심 과제였다. 인사권 독립 이후에도 조직과 예산의 설계권이 집행부에 묶여 있는 현실, 정책지원 역량을 의원 의정수행에 균등하게 배분하지 못하는 구조를 나는 수차례 확인했다. 의회가 주민의 대의기관이라면, 연구와 설계의 자율성은 최소한의 조건이었다.

그래서 협의회 안건 배치부터 점검하기로 했다. 쟁점별로 찬반의 논리를 정리하고, 중앙정부와 국회 협의 채널을 다시 고치며, 법률 검토와 재정영향 분석을 병행할 계획을 세웠다.

지방재정 여건이 다른 의회들이 동일한 성과를 낼 수 있도록 단계형 이행안을 함께 배치하는 것도 빼놓지 않았다.

그날 회의장을 나서며, 나는 가슴에 안긴 꽃을 다시 보았다.

하늘에 계신 아버지께서 내 모습을 보고 계실 거라 믿었다. **'대한민국시도의회의장협의회 사무총장 정해권'**이 아니라, **'인천시민'**과 함께하는 자리라고 생각했다. 시민 가까이에 있는 의회의 체온을 전국의 회의 테이블에 그대로 옮기는 일. 그것이 이번 선출이 내게 부여한 과제였다.

앞으로의 기록은 더 검증할 수 있게, 더 현장에 닿게 남기려 한다. 회의가 끝나면 결론만이 아니라 경로를 공개하고, 합의가 어려울 때는 쟁점의 언어를 보존하겠다. 지방의회의 독립성과 책임은 서로를 강화한다.

나는 그 상호성을 운영으로 증명하며, 인천의 경험을 전국의 표준으로 번역해 낼 것이다.

[대한민국시도의회의장협의회 사무총장당선 후 최호정회장과 함께 2025. 08. 11]

사람 살기 좋은 도시 인천

사람 살기 좋은 도시 인천을 만들기 위한 인천시의 열정은 남달랐고, 의회는 그 곁에서 지원과 협조의 역할을 조용히 맡았다. 그 여정을 가까이에서 지켜보며 마음에 남은 소회와 기억을 돌아보았다.

(1) 아이플러스(i+) 1억 드림

첫째, 인천 출생 정책이다. 이 정책은 실질적 성과로 이어졌고 전국적 주목을 받았다. 저출생 문제는 단순한 인구 감소가 아니라 지역의 미래와 직결된 구조적 과제였다.

[아이플러스(i+) 1억 드림]

인천시와 시의회는 이 심각한 문제를 외면하지 않고 과감하고 실질적인 대응에 나섰다. 나는 인천의 내일을 보고서로 보이는 숫자로 판단하지 않고 삶의 현장에 파고 들어갔다. 출생이 줄어드는 현실 앞에서 머뭇거릴 수 없었다.

의회 수장으로서 **'아이플러스(i+) 1억 드림'**을 반드시 실현시키겠다는 마음을 굳혔다. 판단은 차갑게, 집행은 따뜻하게 하자는 다짐으로 스스로를 붙들었다. 초봄 회의실, 프린터가 돌아가는 낮은 소리가 길게 이어졌다. 예산서와 통계표가 책상 위에 겹겹이 쌓였고, 나는 계산기를 두드려 한 줄씩 검산했다. 중앙정부 지원 7,200만 원과 인천시의 2,800만 원을 합치면 아이가 만 18세가 될 때까지 총 1억원이 된다. 임산부 교통비 50만 원, 천사지원금 840만 원, 아이꿈수당 1,980만 원. 항목별 재원과 집행 흐름을 다시 그리며 복지국 · 재정국 · 교육청과 협의 일정을 이어갔다.

회의는 밤을 넘기기도 했지만, 원칙은 한 문장으로 정리됐다. **"현금 나눔이 아니라 18년 동행 설계를 만든다."**

이 정책은 단순한 복지 지원이 아니라, 아이가 태어나 자라나는 전 과정을 제도 속에서 지켜내겠다는 약속이었다. 부모에게는 경제적 안심을, 아이에게는 안정적 미래를 설계하는 힘을 담았다. 나는 그날의 회의실 풍경을 지금도 잊지 못한다.

반복된 계산과 치열한 토론 끝에 확인한 것은 단 하나였다. 출생은 숫자가 아니라 삶이며, 그 삶을 함께 키워내는 것이 의회의 책무라는 사실이었다.

결정은 신속히, 검증은 더 단단히 했다. 2024년, 우리는 **'아이플러스(i+) 1억 드림'**을 전격 시행했다. 전국 최초로 출생부터 만 18세까지 총 1억원을 책임지는 구조를 제도화했다. 기존 부모급여와 아동수당 등 국가 지원은 그대로 두고, 그 위에 인천형 지원을 정밀하게 얹었다.

의회는 예산을 열었고, 조례 문장을 다듬었으며, 현장 창구를 점검해 신청 절차를 간소화했다.

어느 동 행정복지센터에서 직원이 **"설명서가 짧아지니 질문이 절반으로 줄었습니다"**라고 말했을 때, 나는 그 한 문장을 곧장 다음 날 회의 안건 첫 줄로 올렸다.

총액보다 기간, 단일 항목보다 조합, 출생 순간보다 성장 전 과정이 핵심이었다.

임신 · 영아 · 아동 · 청소년 단계를 따라가며 빈틈을 줄이는 방식으로 설계했다. 지급 주기, 안내 문구, 계좌 변경 처리 시간 같은 사소한 불편까지 세밀하게 조정했다. 행정은 속도보다 정확, 정확 위의 친절이라는 원칙을 팀과 공유했다.

결과는 통계가 먼저 증명했다. 2024년 인천의 출생아 수는 전년 대비 11.6% 증가했다. 전국 1위 증가율이었다. 반짝 효과 아니냐는 질문이 뒤따랐지만, 나는 월별 흐름을 내밀었다. 2025년 1월부터 8월까지 지난해 같은 기간보다 10.8%가 추가로 상승했다. 단일 정책의 공이라 단정하기는 이르다. 그러나 분명한 사실이 하나 있다. 출산과 양육의 부담선을 낮추면, 가족의 결정은 달라진다는 것이다.

숫자 뒤에 선 얼굴들을 나는 잊지 않았다. 산모가 통원비 덕에 숨을 돌렸다는 짧은 메모, 첫돌을 지난 뒤 아이꿈수당으로 보육 공백을 메웠다는 이메일. 이런 기록은 장식이 아니었다. 제도는 살아 있는 절차일 때만 비로소 제도였다. 그래서 나는 현장에서 듣고 문장에서 고쳤다. 신청률이 낮은 동네는 왜 낮은지, 다자녀 가구는 어떤 순서로 체감하는지, 복수 계좌를 쓰는 가정은 어디에서 막히는지 하나하나 짚었다. 작은 수정이 큰 체감을 낳는다는 사실을, 나는 반복해서 확인했다.

(2) 아이플러스(i+) 집드림

두 번째로, 출생의 문제를 주거의 문제로 바꾸어 보았다. 아이

[아이플러스(i+) 1억 드림]

를 낳을지 망설이는 질문의 출발점이 결국 집에서 비롯된다는 사실을 현장에서 확인했기 때문이다. 그래서 **'아이플러스(i+) 1억 드림'**의 시간 축에, 살 곳의 안정이라는 공간 축을 겹쳤다. 가계의 두려움을 덜고 망설임의 시간을 줄이는 설계가 목표였다.

늦은 저녁, 회의실 형광등이 서류의 모서리를 하얗게 비추었다. 분양가표, 임대료 시뮬레이션, 금리 변화 그래프가 책상 위에 겹겹이 놓였다. 나는 도면 끝자락에 그림자를 드리우며 펜으로 수치를 다시 그었다. 첫 번째 해법은 임대료 자체를 내려 현실에서 체감되게 만드는 것이었다. 두 번째 해법은 대출 이자를 줄여 장만의 문턱을 낮추는 것이었다. 대표적으로 **'천원주택'**과 **'1.0 대출'**이 있다.

'천원주택'은 말 그대로 하루 1,000원, 월 3만원으로 사는 집이다. 신혼부부와 예비 신혼부부, 신생아 가구 등을 대상으로 신생아 가구가 우선 공급대상이다. 연 1,000가구 공급을 목표로 매입임대주택 및 전세임대주택으로 공급한다.

지원은 최초 2년을 기본으로, 최대 6년까지 이루어 진다. 2025년 예산 기준 36억 원을 반영했다. 월세 고정 · 관리비 안내 · 입주 절차 간소화 같은 집행 표준을 문서로 묶었다.

'1.0대출'은 집을 장만하려는 신생아 가구의 이자 부담선을 낮추는 장치다. 2025년 이후 자녀를 출산한 가구를 대상으로 했고, 주택담보 대출 상품(정부지원, 시중은행)에 인천이 이자 지원을 얹었다. 2025년 이후 출생한 자녀가 있는 가구는 자녀 인원에 따라 0.4%에서 최대 1.0%를 추가로 지원한다.

최대 대출 3억 원 이내에서 연 300만 원 한도로 5년간 설계했다. 2025년 예산에는 64억 원을 반영했고, 연 3,000가구, 총 1만 5,000가구를 목표로 운영 표준을 마련했다.

은행 창구의 설명 문구까지 손봤다. 변동금리 구간, 중도상환 수수료, 전환 시 유의점 같은 **'작은 글씨'**가 결국 시민의 체감으로 이어지기 때문이었다.

두 축은 서로를 완성했다. **'천원주택'**이 당장의 거주를 지탱하면 **'1.0대출'**은 내 집 마련의 전망을 당겨왔다. 임대와 구매, 현재와 장래, 월세와 원리금이라는 서로 다른 시간과 비용의 축을 하나의 지도로 포개는 작업이었다.

나는 매번 표의 오른쪽 끝만 보지 않았다. 접수창구에서 던지는 첫 질문, 안내문 첫 줄에 쓰인 동사, 서류 첫 장의 난이도를 더 자주 점검했다. 정책은 문장으로 시작해 절차에서 살아 움직였다.

현장에서 가장 자주 들은 질문은 **"정말 3만 원이 맞느냐"**였다. 월세가 3만 원으로 고정되자 가계의 부담선이 눈에 띄게 낮아졌고, 장보기 · 교육 · 교통비 같은 생활 지출로 흘러갔다.

특히 경기 둔화 국면에서 임대료와 대출이자 부담을 덜어낸 효과가 지역 상권의 소비 여력으로 이어지는 모습을 곳곳에서 확인했다. 집은 물리적 공간이면서 동시에 결혼과 출산을 결정하는 심리적 방이기도 했다. 월 3만 원이라는 숫자는 그 방의 문고리를 낮춘 장치였다.

매년 공급 물량 1,000가구의 지역 배분과 전세 · 매입 비율의 탄력 조정 등 예외 처리 절차까지 현장에서 다시 묶었다.

이자 지원은 은행과의 API 연동 시점, 월별 정산 주기, 연간 한도 관리 방식까지 손을 탔다. 복잡함은 행정이 떠안고, 시민에게는 단순함만 남기자는 운영 원칙을 끝까지 지켰다.

이렇게 **'아이플러스(i+) 집드림'**은 **'아이플러스(i+) 1억 드림'**과 맞물려 움직였다. 18년의 시간 약속 위에 주거의 안정이 포개지자, 가계의 불확실성이 줄었다. 신혼부부는 지금의 방을 확보했고, 신생아 가구는 내일의 집을 그려볼 수 있었다.

나는 늘 숫자 뒤의 얼굴들을 떠올렸다. **"3만 원이라서 시작했습니다." "이자 줄어드니 가능하다고 느꼈습니다."** 짧은 문장들이 회의록의 여백을 채웠다. 과장은 필요하지 않았다.

작동하는가, 체감되는가, 지속 가능한가, 내가 반복해서 묻고 답한 세 가지 질문이었다.

앞으로도 나는 같은 방식으로 기록했다. 장점은 유지하고 불편은 덜어내는 방식, 과장은 줄이고 사실을 또렷하게 세우는 방식이었다.

저출생을 **'국가의 가장 큰 위기'**라 부른 판단의 책임을 나는 운영으로 갚았다. 인천의 내일을 숫자로만 말하지 않고, 삶의 자리에서 확인했다. 프린터의 낮은 소리가 멈출 때까지, 나는 문장과 절차를 함께 다듬었다.

[캠프마켓 시민개방 현황도 사진출처_인천광역시]

(3) 캠프마켓 개방

세 번째는 캠프마켓 개방이었다. 인천시의회 의장이 되기 전, 겨울 끝자락에 나는 캠프마켓을 방문한 적이 있었다. 높던 담장이 낮아진 자리에 햇빛이 번지고 있었다.

1939년 일제가 부평에 조병창을 세운 뒤, 해방을 거쳐 미군의 보급 · 정비 거점 **'애스컴시티'**로 이어진 긴 세월 동안 닫혀 있던 땅. 그 땅이 2023년 12월, D구역 반환으로 마침내 전부 시민에게 돌아왔다.

84년의 공백이 접히는 순간, 나는 담장 너머의 시간을 한 번 더 확인했다. 기록과 도면 속 이름이던 **'캠프마켓'**이 지도에서 시민의 공간으로 바뀌어 가고 있었다.

돌아온 터의 첫 장을 어떻게 펼칠 것인가. 나는 그 답을 생활의 언어에서 찾았다. 인천시는 **'도심 속 명품 녹색 힐링공원'**이라는 구상을 내놓았고, 굵직한 설계와 함께 작은 체험을 열었다.

B구역은 2024년 4월 토양 정화 구간이 마무리되며 재개방을 시작했고, 가을에는 개방 범위를 한 번 더 넓혔다. 시민들은 잔디 운동장을 거닐고, 안내판을 읽으며, 새로운 동선의 리듬을 익혔다. 높은 담이 낮아진 자리에서 산책로의 곡선은 일상의 속도로 자리를 잡아갔다.

그사이 논의는 기초를 세워 나갔다. 2024년 4월 대토론회에서 시민들의 의견이 모였고, 같은 해 12월 **'캠프마켓 마스터플랜'**이 최종보고회를 통해 공개되었다.

이어 2025년 3월에는 용역 결과와 보고서가 정식으로 공지되어, 누구나 읽고 토론할 수 있게 되었다. 공원 조성의 윤곽은 **'역사 보존'**과 **'생활 공원'**의 균형 위에 그려졌다.

반응은 담백했다. **"이제야 반환이 실감 난다." "안에 이런 건물이 있었구나."** 시민들은 개방 공간을 넓히는 절차에 고개를 끄덕였고, 근대 건축물의 보존과 활용을 둘러싼 논의에도 참여했다. 동시에 토양 오염과 일부 건축물 철거를 둘러싼 우려와 이견도 제기되었다.

나는 그 목소리를 기록의 첫머리에 적었다. 환호는 필요하지만, 검증은 더 필요하다는 사실이 중요했기 때문이다.

공간이 제도로 굳어지려면 장치가 필요했다. 개방 구간의 단계적 확대, 토양 정화 구간의 명시, 안내 · 접수 · 사용 허가까지 시민이 읽고 공감할 수 있는 문장을 채워 넣었다.

'공원'이라는 이름 아래 역사적 건물의 존치와 활용, 일상 프로그램의 지속, 야외 동선의 안전까지 하나의 표로 겹쳤다. 행정은 현장에서 단순해야 했다. 복잡함은 내부가 맡고, 시민에게는 편리함만 남겨야 했다.

부평 캠프마켓의 반환은 사건이 아니라 과정이었다. 닫힌 군사시설에서 열린 시민 공간으로의 전환, 과거의 흔적을 지우지 않고 내일의 길을 깔아 가는 전환이었다. 나는 오늘도 같은 기준을 붙들었다.

역사의 진실성, 절차의 투명성, 생활의 체감성. 이 세 가지가 모일 때, 84년의 공백은 비로소 공원의 시간으로 바뀔 것이라 믿었다. 이렇게 빛나는 정책의 추진에는 인천시의회의 손발이 함께 움직였다.

나는 의장으로서 입법 · 예산 · 정책 감시의 전 과정을 곁에서 밀어 올렸다. 한 문장, 한 숫자, 한 절차가 시민의 체감으로 이어지도록 끝까지 붙들었다. 그 과정 자체가 내게는 큰 보람이었다.

본회의장의 전자 안내음이 짧게 울리고, 상임위 책상 위에서 서류가 부드럽게 넘겨지는 소리가 이어졌다. 나는 조문 한 줄과 부칙의 날짜, 예산 항목의 소수점 자리까지 다시 확인했다.

현장에서 막히는 지점은 문장으로 풀었고, 문장으로 풀리지 않는 문제는 운영 표준으로 다듬었다. 지원 자격의 문턱을 낮추는 문장, 집행 지연을 막는 기한, 부작용을 걸러내는 단서 조항을 정돈했다.

예산은 항목별로 닫고, 집행은 창구별로 열었다. 감시는 현미경처럼, 협력은 다리처럼 작동했다. 그렇게 정책은 기록에서 제도로, 제도에서 생활로 옮겨졌다.

그 결과 안내문은 짧아지고 절차는 단순해졌다. 접수창구의 대기 시간은 줄었고, 설명은 이해의 속도로 따라붙었다. 숫자는 상승으로 응답했고, 시민의 결정은 가벼워졌다. 나는 회의록 여백에 남은 물음표를 지우듯 병목을 하나씩 정리했다.

이 자리를 빌려 모든 성과를 실질적으로 기획하고 제도가 현장에서 제대로 돌아가도록 묵묵히 힘써 준 인천시 관계자 여러분께 정말 깊이 감사드린다. 정책 설계와 행정 집행, 기준 마련과 현장 절차 조정까지, 시민이 실제로 체감할 수 있는 결과가 나온 건 전적으로 집행부의 노력과 전문성이 있었기 때문이라고 생각한다.

의회의 역할은 결코 과장해서 말할 만큼 크지 않았지만, 그런 과정 속에서 작은 부분이라도 함께할 수 있었다는 사실이 나에게는 더 큰 의미로 남았다.

전국 최초라는 평가를 받을 정도의 성과가 세상에 드러나는 순간을 지켜보면서, 그 자리에 함께 있었다는 것만으로도 참 영광이었고, 시민들의 삶에 조금이나마 보탬이 되었다고 생각하니 오래도록 잊지 못할 보람으로 남는다.

[제9대 인천광역시의회 후반기 개원 2024. 08. 28]

열린 의회

(1) 보이는 회의

나는 의정 정보는 누구에게나 닿아야 한다고 배웠다. 접근성은 배려가 아니라 기본권이었다. 나는 오랫동안 이런 분들의 불편함을 보아 왔다. **'잘 이해된다'**는 감각은 사람마다 달랐다.

어떤 이에게는 선명한 음성이, 어떤 이에게는 또렷한 글자가, 또 다른 이에게는 명확한 수어가 필요했다. 그래서 인천광역시의회 인터넷방송 다시보기 영상에 자막을 붙였다.

전국 광역의회 최초 도입이라는 평가가 뒤따랐다. 문서로만 남던 회의록은 일반 시민에게도, 정보 취약계층에게도, 청각이 불편한 분들에게도 정책을 알려주는 매끄러운 진입로가 되었다.

자막이 더해지자, PC와 모바일에서 발언을 곧바로 따라갈 수 있었고, 마이크가 꺼져 음성이 끊긴 대목도 문장으로 복원되었다. 회의의 흐름과 뉘앙스가 한층 온전하게 전해진 것이다.

첫 자막이 붙은 다시보기 영상이 올라가던 날을 나는 또렷이 기억한다. 형형색색인 모니터가 차갑게 반짝였고, 화면 아래 고운 흰 글줄이 발언의 호흡을 따라 매끈하게 흘렀다.

문장과 문장 사이에는 미세한 숨이 있었고, 그 얇은 간격까지도 글자가 정직하게 메웠다. 나는 커서를 천천히 움직이며 띄어쓰기와 호칭, 숫자의 자리까지 집요하게 확인했다.

빠진 낱말은 없는지, 말의 결이 비틀리지는 않았는지, 빛나는 글자가 제 일을 제대로 하고 있는지 오랫동안 들여다봤다. 이 일은 과거 기록을 현재의 언어로 다시 꿰는 작업이기도 했다.

2014년부터 2024년까지 본회의와 위원회 영상 2,877건을 자막으로 정리하며, 의정의 시간표를 조밀하고 균형 있게 되짚었다. 전문 용어는 시민 눈높이에 맞춰 풀었고, 발언 순서와 속기 기록, 표결 결과가 정확히 호응하는지 한 항목씩 대조했다.

자막은 기록의 보조선이 아니라, 시민이 의정을 이해하는 첫 창구로 자리 잡았다. 화면 아래 일정한 속도로 흐르는 문장들은 말보다 더 느리되 더 정확한 리듬으로 회의의 골격을 드러냈다.

본회의 중심으로 운영되던 수어 통역을 상임위원회 회의까지 넓히기 위해, 회의 동선과 배치, 시야 확보, 안내 문구, 예산 항목을 다시 설계했다. 통역사가 화면 밖으로 밀려나지 않도록 카

메라 구도를 고쳤고, 회의실 좌석 배치를 조정해 시선이 겹치지 않게 했다. 쉬는 시간과 교대 주기를 세심히 조율해 통역의 집중도가 흐트러지지 않게 했다. 접근성은 장식이 아니라 구조라는 사실을, 나는 몸으로 익혔다.

차별에 대해서 나는 단호했다. 차별은 꼭 악의에서만 생기지 않고 무심함의 관성에서 시작되었다. **"불편하시면 회의록을 보십시오"**라는 말은 그 자체로 문을 닫는 말이었다.

나는 그것을 현장의 언어로 바꿔야 한다고 생각했다. 들리지 않던 말을 보이게 하고, 보이지 않던 절차를 드러내고, 놓치기 쉬운 속도를 맞추는 일. 그 작은 일들이 쌓여 평등은 선언에서 제도로, 제도에서 습관으로 옮겨갔다. 나는 그 이동을 눈으로 확인했고, 마음으로 확인했다.

시민의 피드백은 또렷했다. **"이제서야 회의가 보입니다."** 짧은 문장이었지만 오래 남았다. 그 속에는 낯선 곳에서 울리던 작은 소음, 고단한 기다림, 그리고 이해에 다다른 안도의 숨이 함께 들어 있었다. 나는 그 감정을 문장으로 옮겨 적지 않고, 자막의 정확도를 높이고 용어 설명을 보강하는 방식으로 답했다.

감동은 기록으로 남아야 다음 변화를 밀 수 있기 때문이었다. 좋은 의정은 **'열린 의회'**에서 시작된다고 나는 믿었다.

(2) 의정 아카데미

인천시의회는 시민의 눈높이에서 의회를 이해하고, 의정활동에 대한 관심을 높이기 위해 다양한 체험형 프로그램을 운영했다.

대표적인 것이 바로 **'의정 아카데미'**였다. 비회기 주간의 어느 오전, 본회의장 전광판은 꺼진 채 숨 고르듯 어둑했다. 나는 의장석 아래단의 의자 몇 개를 덜어내고 통로를 넓혔다. 곧 의정 아카데미 참가 학생들이 들어올 시간이 다가오고 있었기에 좌석표와 마이크 위치를 다시 확인했다. 이날 일정은 모의 의회와 질의응답, 그리고 본회의 방청까지 이어지는 긴 흐름이었다.

문이 열리자 소리가 먼저 방을 채웠다. 명찰 끈이 부딪히는 가느다란 마찰음, 안내 방송의 시험음이 울리는 잔향, 휠체어 앞바퀴가 카펫 경계를 지날 때 나는 부드러운 소리, 여기에 아이들의 속삭임이 겹쳐져 얕은 웅성거림이 방 안을 메웠다.

나는 의장석 옆에서 의사봉을 학생에게 건넸다. **"회의를 시작하겠습니다."**라는 또렷한 낭독이 스피커를 타고 퍼지자, 뒤편까지 울림이 길게 남았다. 아이들은 서툴지만, 용기 있는 목소리로 손을 들어 발언권을 요청했다. 속기 화면에는 아직 어눌하지만, 분명한 문장들이 하나씩 새겨졌다.

첫 순서는 모의 의회였다. 학생 의장이 안건 상정을 선언하자, 곧장 찬성과 반대가 부딪히는 토론이 이어졌다.

"발언 시간을 지켜 주십시오."라는 사회의 기본 문장이 공기처럼 오가며, 긴장 속에서도 민주적 절차가 살아 움직였다.

처음에는 얼굴이 붉어지고 목소리가 떨리던 아이들도 시간이 지나자 당당히 손을 들고 자신의 생각을 펼쳤다. 전문 강사가 지도한 스피치 훈련이 몸에 배어, 서로의 이야기를 귀 기울여 듣고 다시 자신의 말로 응답하는 장면은 매우 인상 깊었다. 한 학생이 손을 들었다. 마이크를 넘겨주자 짧은 잡음이 **'지직'**하고 지나갔다. 앳된 목소리와 순수한 표정으로 물었다.

"민주주의는 어디서 시작되나요?" 나는 답했다. **"참여의 첫 장면에서 시작돼요."** 또 다른 학생이 조심스럽게 손을 들었다.

마이크를 받은 그는 숨을 고른 뒤 말했다. **"정치와 의정을 교과서로만 배우는 게 아니라, 이렇게 의회에 와서 직접 해보니 다르게 들렸습니다. 오래 기억될 것 같습니다."** 그 문장이 본회의장에 잔향처럼 남았다. 나는 의장석 옆에 서서 그 울림이 가라앉는 시간을 지켜보았다. 그 한마디가 이 프로그램의 이유였고, 우리가

[의정아카데미 인하대학교사범대학부설중학교 2025. 07. 18]

[송도고등학교 청소년 의정아카데미 2022. 10. 28]

마련한 절차가 누군가의 첫 참여로 이어졌다는 증거였다. 의회가 가진 형식은 결국 서로를 괜찮게 지나가게 하는 기술이라는 것을, 더 많은 아이에게 가르쳐야겠다는 생각이 들었다.

수료식이 끝난 뒤에도 나는 의장석으로 돌아가지 않았다. 본회의장 가운데 통로에 서서 마지막 박수를 함께 보냈다. 시민으로서의 책임을 **'느꼈다'**는 학생들의 소감은 프로그램의 성패를 가늠하는 내 기준이었다.

의회가 열린 구조를 유지하는 한, 참여는 반복되고 습관이 된다. 2025년 현재도 비회기 일정에 맞춰 의정 아카데미는 운영되고 있다. 나는 매 차수의 진행 기록을 검토해 다음 차수의 구성에 반영했다. 변화는 요란하지 않았으나, 소리로 먼저 도착했다. 호명, 응답, 합의. 그 리듬이 의회의 날을 단단히 만들었다. 프로그램의 뼈대는 해마다 같았지만, 현장의 호흡에 따라 조금씩 달

[의정아카데미 인천대학교 2025. 05. 30]

라졌다. 3월부터 12월까지 비회기 기간을 중심으로 일정을 배치했고, 초 · 중 · 고 · 대 학습 단계에 맞춰 난도를 조정했다.

스피치 특강은 **'말 잘하기'**가 아니라 **'근거 세우기'**에 무게를 두었다. 본회의장과 의원총회의실을 번갈아 사용하며, **"의회는 멀리서 보는 곳이 아니라 들어와서 사용하는 공간"**임을 몸으로 익히게 했다.

2024년의 기록을 펼쳐보면, 인천남촌초등학교 · 인천안남초등학교 등 여러 학교가 의회를 찾았다.

연말에는 우수 소감문 공모전을 열어 학생들의 문장을 한자리에 모았다. **"교과서로만 알던 민주주의가 소리로 들렸습니다."** 라는 문장은 오래 남았다. 그해 의정 아카데미에 참여한 학생은 953명이었다.

[호놀룰루 부지사와 함께]

호놀룰루에서 만난 부지사

나는 2025년 호놀룰루 행사에서 실비아 루크 부지사를 만났다. 문을 여는 순간 바닷바람의 소금 냄새가 옷깃에 스며들었다.

부지사는 한인 사회의 역할을 **"연결 매개체, 교량, 민간 대사"**라 정리했다.

나는 수첩에 세 단어를 적었다. 연결, 기억, 당당함. 초기 이민 선조들이 척박한 땅에서 모은 돈으로 학교를 세우고 독립운동을 도왔다는 이야기는 산업과 교육, 공동체가 어떻게 맞물려 성장하는지 보여주는 실감 나는 사례였다. 차별과 편견에 맞서온 당당함을 제도의 문장으로 바꾸라는 뜻으로도 들렸다.

인천으로 돌아오자마자 나는 위원회 간담회 안건을 건의했다. 먼저 **'연결'**을 절차로 만들었다. 해외동포 · 국제교류 관련 문의가 어느 부서로 흘러 들어가고, 어느 상임위에서 어떤 절차로 다루는지 한눈에 보이도록 연락 창구와 책임선을 한 장으로 묶었다. 산업계와 동포 네트워크를 직접 잇는 원스톱 문의 경로를 만들자고 제안했고, 집행부에는 응답 기준과 회신 시점을 문서 첫 줄에 올리라고 요구했다. 자료 요청, 현장확인, 법률검토, 보고 · 공유로 이어지는 위원회 점검 흐름도도 다시 그렸다.

다음으로 **'기억'**을 기록으로 다졌다. 인천 · 하와이 이민 120년 관련 자료와 교류 프로그램 현황을 모아 위원회 브리핑으로 묶었고, 학교 · 문화 · 산업 협력 사례를 연표로 정리해 질의의 근거로 삼았다. 마지막으로 **'당당함'**을 기준으로 세웠다. 공공조달과 지원사업 심사에서 배제와 편견을 막는 조항을 다시 점검했고, 위원회 발언 규칙에서도 혐오와 단정적 표현을 경계하도록 실무 지침을 손봤다.

창구가 한 갈래로 정리되자 현장의 답변이 짧아졌고, 기업과 동포단체의 문의가 헛돌지 않았다. 회의록의 여백에는 이렇게 적어 두었다. **"연결은 절차로, 기억은 기록으로, 당당함은 기준으로."** 인천시의장으로서 나는 약속 기록으로 남기는 습관은 의회를 이끌 때도 의정의 바닥을 단단히 받쳐주는 기준이 되었다.

지난 날을 돌아보며

(1) 초선의 꼬리표를 넘어서

정치 입문 이후 가장 버거웠던 순간은 초선이라는 꼬리표였다. 초선으로 인천광역시의회 의장에 선출된 사례는 드물었고, 인천에서는 민주당 이성만 전 국회의원과 나뿐이었다.

의회사무처 직원들과 동료 의원들 다수는 내가 될 거라고는 생각하지 못했다고 했다.

나는 그 반응을 담담히 받아들였다. 결과보다 이후의 운영이 더 중요했기 때문이다. 당선 직후, 나는 가장 먼저 경선 상대에게 예의를 표했다. 경쟁은 끝났고, 남은 것은 의회의 품격과 운영이라고 스스로 정리했다. 축하 인사는 짧게 받았고, 업무 인수인계 계획표를 곧바로 만들었다. 일정, 회의, 자료, 공개 범위. 내가 그릴 수 있는 선부터 곧게 그었다.

첫 주의 과제는 회의의 기본을 정리하는 일이었다. 발언권 배분 기준을 문서로 고정하고, 질의와 답변 시간을 공평하게 나눴다. 회의자료는 사전 배포를 원칙으로 삼고, 핵심표를 함께 묶었다. 회의가 길어질수록 내가 해야 할 일은 결론을 서두르는 것이 아니라 절차를 흔들리지 않게 지키는 것임을 확인했다. 초선의 리더십은 말을 보태는 데서 나오지 않고, 규칙을 예외 없이 적용하는 데서 나온다는 사실을 배웠다. 시간이 지나면서 **'초선'**이라는 단어는 내게서 서서히 멀어졌다. 특별한 전략이 있었던 것은 아니었다. 나는 매일 같은 순서를 지켰다. 먼저 듣고, 정확히 적고, 끝까지 챙겼다. 그 단순한 태도가 표를 움직였는지는 알 수 없었다. 다만 그 태도가 의장을 버티게 했다는 사실만은 분명했다. 내가 당선될 수 있었던 이유를 하나로 말하기는 어렵다. 굳이 정리하자면, 나는 자리를 목표로 삼지 않았다. 함께 일하는 관계를 먼저 세웠고, 절차와 기록을 먼저 세웠다. 정치가 생활이라면, 생활을 흐트러뜨리지 않는 사람이 의정도 흐트러뜨리지 않는다. 나는 오늘도 같은 방식을 반복했다. 흔들리지 않는 반복이 나의 힘이었다.

(2) 국민들을 위한 의원

정치의 길을 걸으며 나는 몇 번 서열의 벽에 부딪혔다. 몇몇 자리에서는 당협위원장이 중심에 서고, 광역 · 기초의원은 뒤에 서는 것이 관례처럼 굳어져 있었다. 회의 공지는 늦게 왔고, 안건은 사후에 통보되는 일이 반복됐다. 발언권은 **"다음에"**로 미뤄졌다. 나는 그때마다 메모를 덮고 숨을 고르며 내 태도를 먼저 확인했다. 가장 힘들었던 것은 사람을 인력으로만 부르는 방식이었다. 선거 국면이 시작되면 **"도와라"**라는 말이 먼저 나왔다. 왜, 무엇을, 누구를 위해서인지는 늘 뒤로 밀렸다. 현장의 의원들은 지역의 하루를 떠받치는 동료였다. 그러나 몇몇 공간에서는 동료가 아니라 보조 인력처럼 취급받았다. 나는 그 장면을 견디기 어려웠다. 내가 생각하기에 당협위원장의 역할은 위에서 지시하는 자리가 아니라 함께 책임지는 자리라고 생각했다. 구의원, 광역의원은 **'밑'**이 아니었다. 각자 구역의 민원과 예산, 조례를 몸으로 감당하는 사람들이었다. 선거가 시작되면 더 그렇다. 당협위원장이 국회의원을 목표로 뛸 때일수록, 동료의 전문성과 자율성이 존중받아야 건강한 정치가 된다. 나는 그 믿음을 버리지 않았다. 현실은 매끄럽지 않았다. 일정에서 빠지고, 보도자료에 이름이 누락된 날도 있었다. 공개석상에서 질문을 이어가다 말을 내려놓은 날도 있었다. 억울함이 올라올 때면 나는 자리를 박차고 일어나지 않았다. 대신 지역 일정으로 돌아가 민원을 먼저 처리했다. 정치가 서열이 아니라 서비스라는 기본을 잊지 않으려 했다. 의장직에 오르기까지 크게 배운 것이 있다. 함께 일할 사람을 **'밑'**으로 부르지 않는 일이다. 회의는 좌석 배치가 아니라 역할로 굴러가야 했다. 선거는 **'나를 도와라'**가 아니라 **'우리가 무엇을 바꿀 것인가'**로 정리되어야 했다. 그 원칙을 지키려다 불편을 감수한 날도 있었다. 그래도 그편이 옳았다.

[집중호우 피해 현장방문 2025. 08. 14]

04 장
인천의 변화와 혁신을 말하다
제물포르네상스
신설 자치구 출범
혁신을 외치다

그 길에 대한민국의 내일이 있다

"초일류 도시 인천 실현"을 위해 나는 문장을 세 줄로 정리했다. '사람 중심의 원도심, 불균형 해소, 지속 가능한 성장할 수 있어야 한다'.

가까운 창구에서 빠르게 처리하고, 안전하게 이동하며, 저녁에도 불이 꺼지지 않는 동네를 만드는 일이었다.

[제물포르네상스 조감도 앵커시설 예시 2부두]

제물포르네상스

본회의장 화면에 **'제물포르네상스'**라는 글자가 떠올랐다. 표지에는 **"초일류 도시 인천 실현"**이라는 문장이 또렷했다. 나는 그 문장을 메모지에 적었다.

제물포르네상스는 원도심과 신도시의 결이 겹치는 것이고 과거의 영광을 찾는 과정이다.

나는 문장을 세 줄로 정리했다. **'사람 중심의 원도심, 불균형 해소, 지속 가능한 성장할 수 있어야 한다'.**

그 문장은 단순한 표어가 아니라 기준이었다. 원도심의 생활 반경을 넓히고, 신 · 원도심의 격차를 줄이며, 문화 · 관광 · 산업이 한 공간에서 동시에 작동하게 하는 일이다.

의회의 몫은 이 기준이 현장에서 움직이도록 절차를 고정하고 지표를 확인하는 것이었다. 약속은 기록으로, 기록은 동선으로 옮겨 적혔다.

제물포르네상스의 비전은 도시의 외양을 바꾸는 말이 아니었다. 사람의 하루를 덜 불편하게 만드는 기술이었다. 나는 그 기술의 순서를 따라 회의를 배치하고, 필요한 자료를 요구했다. 기준이 흔들리지 않을 때, 사업은 길을 잃지 않았다.

(1) 원도심 르네상스

원도심 르네상스를 이루기 위해 나는 무엇을 먼저 고치고 어디서 체감을 만들지, 순서를 분명히 했다. 한마디로 요약하면 이렇다. 정주 환경을 다시 깔고, 10분 생활권으로 묶고, 거점에서 머무르게 만드는 일이다.

먼저 정주 환경부터 손봤다. 원도심의 정체는 규정의 충돌과 낡은 기반에서 시작됐다. 높이 · 밀도 기준과 문화재 · 고도 · 경관 규정이 겹치며 사업은 멈췄다. 나는 **'완화가 아니라 합리화'**라는 원칙을 세웠다. 중복 심의는 통합하고, 사전동의 절차는 간소화하는 조정안을 상정했다. 동시에 **'디자인 제물포'** 가이드라인을 마련해 외벽, 간판, 보행 환경의 기준선을 맞췄다. 도시의 얼굴을 취향이 아닌 기준으로 돌려놓자는 취지였다.

교육 축도 원도심에 다시 세웠다. AI교육지구 지정, AI교육센터와 통합에듀센터, 국제학교 유치 논의를 묶어 배움의 시간표가 원도심에 머물도록 했다.

교통 · 교육 · 의료복지 · 환경을 한 화면에서 다루는 스마트 플랫폼은 민원 이동과 대기 시간을 줄이는 데 초점을 맞췄다.

생활의 질을 높이는 출발점은 결국 집 앞에서 시작된다는 믿음이었다. 10분 생활권의 핵심은 지도를 예쁘게 그리는 데 있지 않았다. 사람의 이동 피로를 덜어주는 기술이었다.

나는 원도심순환도로로 내부 흐름을 정비하고, 제2 · 4 경인고속도로와 제4연륙교로 외곽 연결의 긴장을 낮추는 그림을 먼저 그렸다. 뼈대는 철도였다. 인천1호선, 인천발 KTX, 제2공항철도, 하버트램이 시간을 압축하면, 생활은 **'먼 거리'**가 아니라 **'짧은 환승'**으로 바뀔 수 있었다.

그 위에 분기점들이 더해졌다. 공항철도와 서울 9호선 직결 사업은 환승의 단절을 메우는 결정적 연결이었다. 교통망은 한 도시의 하루를 동시에 지지할 때 비로소 생활권이 더욱 편리해진다. 앞으로의 과제도 결은 같다.

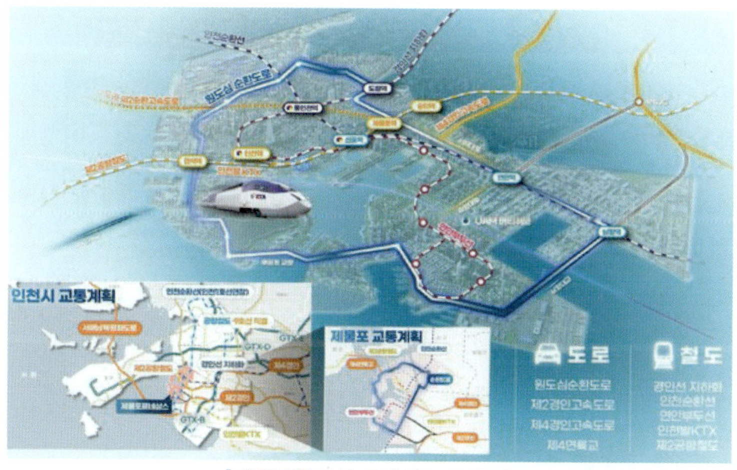

[제물포형 10분 르네상스 조감도]

GTX-D · E는 장거리 출퇴근 시간을 반으로 접는 통로이고, 인천발 KTX 직결은 국가 철도망과 지역 산업의 리듬을 포개는 장치다. 경인고속도로 · 경인전철 지하화는 끊긴 도시 조직을 꿰매는 수술에 가깝고, 서울지하철 5호선 검단 연장은 서북권의 숨통을 트는 연장선이다. 여기에 UAM, 수상택시, 마리나를 더해 하늘과 물길의 선택지를 열었다. 나는 속도보다 환승의 수고를 줄이는 것을 기준으로 삼았다. 보행 동선, 경사로, 표지 체계를 표준화하고, 운영 시간을 맞추는 조항을 부대의견으로 붙였다. 걷기-타기-내리기가 한 호흡이 되면 10분은 자연스러운 생활 단위가 된다.

핵심은 거점이었다. 거점은 높이가 아니라 **'머무는 밀도'**로 평가해야 했다. 동인천역 · 인천역 복합개발은 분절된 시간을 모으는 허브였고, 만석동 · 향동 일원 개발은 바다 · 시장 · 주거를 잇는 결절이었다. 나는 시설비만 강조하지 않았다.

낮의 행정, 저녁의 문화, 밤의 안전이 함께 돌아야 체류가 늘어난다. 유휴부지는 레저 · 숙박 · 창업으로 단계 전환하고, 공공화장실 · 그늘막 · 수유공간 같은 생활 인프라는 거점 반경에 포함시켰다. 작아 보이지만 머무는 시간을 결정하는 요소들이었다.

도시의 마음은 교육에 있었다. 아이를 키우는 어머니들은 **"아이를 멀리 보내지 않게 해달라"**는 부탁을 자주 남겼다.

나는 AI교육지구와 AI교육센터, 통합에듀센터, 국제학교를 통해 배움의 축을 원도심에 다시 세웠다. 교통 · 교육 · 의료복지 · 환경을 한눈에 아우르는 스마트플랫폼도 구축해야 했다. 기술은 과시가 아니라 사용성에서 증명된다고 나는 믿었다.

마지막으로 인천해사법원 설치 같은 핵심 인프라를 반드시 갖추어야 한다. 정주환경 혁신, 10분 생활권 구축, 핵심 발전 거점 조성. 이 세 가지가 맞물릴 때, 인천은 누구나 살고 싶어 하는 **'시민중심도시 제물포'**로 거듭날 수 있다.

(2) 문화 · 관광 르네상스

첫 동선은 제물포였다. 동인천역을 나서자 셔터가 반쯤 내려간 상가에서 금속이 비비는 소리가 길게 끌렸다. 버스 정류장 앞에는 관광 안내 표지판이 세워져 있었지만, 표지와 실제 동선은 어긋나 있었다. 개항장 일대 전시관은 늦게 문을 열었고, 인근 투어는 일찍 출발했다. 걸음을 재어보니 박물관, 공원, 골목 상점이 서로를 외면하듯 각자의 시간을 따로 쓰고 있었다.

[상상플랫폼_개관식 2024. 07. 19]

[상상플랫폼_개관식 2024. 07. 19]

오래된 사진관을 지나가는데, 한 할머니가 내게 말을 건넸다. **"손주가 '인천에 뭐 보러 가요?' 물으면, 대답이 잘 안 된다"**라는 것이었다. 볼거리가 없어서가 아니었다. 흩어져 있거나, 길이 끊기거나, 이름이 낯설었기 때문이었다. 나는 그 말에서 구상의 첫 축을 다시 확인했다. 상징과 중심, 곧 앵커시설이 필요하다는 점이었다.

도시가 어디서 시작되고 무엇으로 기억되는지를 분명히 말해주는 눈. 계획서 속 **'오큘러스 타워'**는 바로 그런 상징이었다.

어제 · 오늘 · 내일을 한 시야에 담아내는 높은 눈. 여기에 대형 공연 · 문화 · 관광 거점인 문화복합시설 **'큐브(K-ube)'**와 산업전초기지인 **'상상플랫폼'**이 연결되면 도시의 중심축이 서고 일정이 생긴다. **"어디서 만나?"**라는 질문에 시민과 방문객이 같은 답을 할 수 있게 되는 것, 그것이 앵커의 기능이라 여겼다.

[송도워터프런트 승기천 자전거도로사업 기공식 2025. 04. 16]

두 번째 축은 물가에서 확인됐다. 바닷바람을 따라 걷다 보면 길이 종종 끊겼다. 산책로가 돌연 공사 펜스로 막히고, 건널목이 없는 차선이 사람의 발을 멈추게 했다.

아이 손을 잡은 아버지가 **"여기서부터는 못 가"**라고 말하는 장면을 두 번이나 보았다. 계획서에 적힌 워터프론트, 해상 스카이워크, 센트럴파크, 3색 비치 같은 친수 공간이 현실이 되려면, 먼저 끊긴 보행을 잇고 물과 일상을 더 가깝게 해야 했다.

제물포 레일파크와 마리나인시티 같은 레저 거점은 그 잇기의 결절점이다. **'바다를 본 김에'**가 아니라 **'바다로 간 김에'** 하루를 보낼 수 있어야 했다.

물가에서 시작한 시간이 도심까지 이어지고, 밤이면 다시 물가로 돌아오는 동선. 그렇게 생활이 경관을 품게 되는 것이다.

세 번째 축은 이야기의 연결이었다. 인천은 이야기로 가득했지만, 서로를 비추는 거울은 적었다. J-WAV(제물포웨이브)와 바다e지 같은 지역문화 네트워크는 그 거울을 세우는 작업이었다. 월미의 홀로포트, 풀문, 미디어아트 같은 테마는 과거와 현재의 결을 섞어 새로운 체험을 만들 수 있었다.

유휴부지의 루나테일 리조트, 레일파크 확대도 같은 맥락에 놓였다. 그러나 중요한 것은 **'시간표'**였다. 전시, 공연, 야외 프로그램의 시간대를 어긋나지 않게 맞추면, 개별 공간은 **'한 도시의 하루'**라는 이야기로 묶였다. 그래서 나는 회의에서 **"지도보다 먼저 시간표를 합시다."**라고 말했다.

현장에서 배운 것은 단순했다. 콘텐츠의 부족보다 더 무서운 것은 연결의 단절이었다. **"여기까지 왔는데 더 갈 곳이 없다"**는 한마디가 도시의 체류 시간을 끊었다. 반대로, 한 곳에서 받은 인상이 다음 일정으로 자연스럽게 이어지면 소비와 기억은 함께 늘었다. 그래서 나는 계획의 언어를 고쳤다. **'확충'**은 장소의 수가 아니라 결절의 강도를 높이는 말이다. **'기반'**은 이벤트가 아니라 일상의 길을 말하는 용어, **'연계'**는 홍보 문구가 아니라 시간표와 표지판, 운영시간의 합을 뜻하는 기술이다. 뜻을 이렇게 좁히자 부서와 기관의 대화도 한결 쉬워졌다.

오늘의 인천은 여전히 **'거점 부재, 킬러 콘텐츠 부족, 역사문화 연계 미흡'**이라는 과거의 진단을 안고 있다. 그러나 동시에 앵커시설의 상징, 물가의 길, 이야기의 연결이라는 세 축이 서로를 발견하고 있다.

계획은 이미 세워졌고, 현장은 그 계획을 통해 서로의 자리를 찾아가고 있다. 나는 문서의 문장을 현장의 보행 속도로 읽었다. 그리고 현장의 보행이 다시 문서의 문장을 고치게 했다. 그 왕복이 도시를 앞으로 움직이는 힘이라 믿었다.

인천은 바다를 향해 열려 있다. 그러나 이 도시는 바다로만 설명되지 않는다. 골목의 소리, 공원의 쉼, 박물관의 시간, 사람의 이동이 서로를 비추며 하루를 만든다.

나는 그 하루를 조용히 정리했다. 이름을 쉽게 쓰고, 길을 분명히 가리키고, 시간을 맞추어 놓았다. 기록을 남기고, 운영을 조정하고, 현장을 다시 걸었다. 그렇게 계획은 생활이 되고, 생활은 다시 도시의 자부심이 되었다.

(3) 산업 · 경제 르네상스

항만 물동량이 줄면 배후 2차 산업이 먼저 흔들렸고, 흔들린 현장은 곧 일자리의 불안으로 이어졌다.

나는 계획서를 책상 위에만 누지 않았다. 공단 특유의 냄새가 짙게 밴 회의실, 대학 연구실의 장비 소음, 부두의 바람을 차례로 확인하며 문장을 현실의 동선에 맞췄다. 한 도금업체 대표는 전기료와 원자재 변동 이야기를 먼저 꺼냈다.

불량률 1%가 납품 중단으로 이어지는 구조에서 **'버텨보라'**라는 말은 위로가 되지 않았다. 그래서 나는 공업지역 정비의 초점을 바꾸었다. 낡은 공장을 밀어내는 대신, 혁신밸리 안에 AI 기반 공정개선 시범 · 실증단지를 넣었다. 설비에서 나오는 데이터를 모아 불량을 예측하고, 전력 피크를 분산하는 방식이었다.

실제로 한 라인에서는 공정 중단 빈도가 줄었고, 같은 전력으로 더 오래 기계를 돌릴 수 있다는 보고가 올라왔다. 나는 이 사례를 **'전통 뿌리산업 고도화'**의 표준 모델로 삼았다.

산업유통단지는 소방 · 층고 · 동선 기준을 현재 규격에 맞춰 정비해 **'도시첨단물류단지'**로 전환했다. 단순한 창고가 아니라 물류 운영에 기술을 들이는 과정이었다. 현장은 그렇게 낡은 껍질을 벗고, 데이터와 기술을 품은 공간으로 바뀌어 갔다.

기업은 당장 납기와 원가를 걱정했고, 대학은 사람과 장비를 어떻게 현장과 엮을지 고민했다. 연구기관은 안전과 표준, 특허의 길을 묻고 있었다. 셋이 따로 움직이면 속도가 나지 않았다. 같은 문제를 각자 달력으로 풀다 보니 기회는 흘러가고, 실패는 겹쳐왔다. 그래서 산 · 학 · 연을 한자리에 묶는 이유는 분명했다.

시간표를 맞추어 손실을 줄이고, 성과를 한 번에 시장으로 옮기기 위해서였다. 나는 이것이 첨단지식기반 생태계를 구축하는 가장 현실적인 길이라고 보았다. 이를 통해 스마트 산업 생태계 조성, 디지털 혁신 거점 구축, 연구 산업 및 기업 유치, 인력 양성으로 이어질 수 있었고, 인천의 미래 성장에 큰 도움이 되며 인재 유출을 막는 힘이 될 것이라 확신했다.

[인천항 스마트 오토밸리 조감도]

모빌리티 축에서는 **'제물포모빌리티Hub'**가 중심 사업이었다. 항만 재개발 축과 이어지는 입지에 AI, UAM 정비(MRO), 전장 산업, 첨단물류를 한곳으로 묶었다. 비행을 도시에서 실증하려면 소음과 안전, 공역 문제가 얽히기 마련이었다.

나는 기술의 가능성보다 운영의 현실을 먼저 보았다. 검증 절차를 세우고, 데이터가 쌓이면 단계적으로 확장하는 방식을 택했다.

자동차 부품업체에는 **'스마트오토밸리'**라는 이름으로 공정 데이터화, 품질 지표 표준화, 해외 벤더 등록 컨설팅을 제공했다. 팔 사람과 살 사람이 같은 언어로 납기와 품질을 말할 수 있을 때, 수출은 비로소 계약된다고 나는 믿었다. 또한, 해양은 경관이 아니라 일자리의 공급망이었다.

내항 · 월미 · 인방사 · 남항 일원을 하나의 경제축으로 묶어

경제자유구역 지정(JFEZ)을 추진했다. 항만 재개발에 규제특례가 겹치면 해외 물류 · 서비스 기업을 불러들이기 수월했다.

수도권 레저 수요를 받아내는 **'마리나비즈센터'**는 정비 · 교육 · 관광의 결절점으로 배치했다. 배가 드나드는 풍경이 관광이기도 하고, 정비업이기도 하다는 사실을 현장은 잘 알고 있었다.

이 모든 흐름의 공통점은 **'대체'**가 아니라 **'전환'**이었다. 항만 기능이 줄어든 자리를 신성장 산업으로 메우고, 남은 제조 기반은 기술과 물류로 고도화가 되어야 했다.

산업 · 경제 르네상스의 비전은 거창하지 않았다.

[제물포르네상스]

'신성장 산업 육성으로 일자리가 풍부한 산업혁신도시 제물포'

나는 이 문장을 생활의 문장으로 바꾸어 읽었다. 불량은 줄고, 납기는 안정되고, 실습은 채용으로 이어지고, 항만의 경관은 새로

운 서비스와 정비업으로 연결됐다. 숫자와 체감이 함께 움직일 때 비전은 현실의 습관이 되었다. 나는 그 습관을 흐트러뜨리지 않는 역할을 맡았다.

(4) 내항개발 르네상스

마지막으로 인천의 심장, 내항을 되살리기 위한 내항개발 르네상스가 반드시 필요했다. 열린 해양 도시 제물포가 되기 위해서는 3단계로 전략을 구성하고 적용해야 했다.

첫째, '내항을 도시로 돌려놓는 일'이었다.

1 · 8부두는 개항의 기억과 도시의 상징을 같은 자리에 놓는 데 적합했다. 그래서 개항역사 · 랜드마크지구로 방향을 정리했다. 2 · 3 · 6부두는 바다를 바라보며 하루를 보낼 이유가 필

[내항 1 · 8부두 재개발 사업 조감도]

요했다. 문화관광 · 휴양체험지구로 묶어 체류의 시간을 만들었다. 4 · 5 · 7부두에는 일과 생활이 만나는 산업혁신 · 어메니티지구를 배치했다. 물류의 **'출입문'**이던 내항이 시민의 **'마당'**으로 변하는 과정이었다. 나는 부두가 열리는 날과 인근 골목의 운영시간을 함께 맞췄다. 장소만 바뀌고 시간이 어긋나면, 사람은 오래 머물지 않았다.

둘째, '해양행정의 박자를 맞추는 일'이었다.

항만기본계획과 항만재개발기본계획의 문장을 바꾸지 않으면 현장은 한 걸음도 나아가지 못했다.

나는 국가계획의 변경 절차와 시 주도의 추진체계를 한 페이지에 포개어 놓았다. 부처 · 공사 · 시의 달력이 따로 움직이면 늦었다. 회의는 길고, 현장은 멈췄다. 그래서 역할과 책임, 심의와 인허가의 순서를 정돈했다.

셋째, '앵커시설의 성격을 분명히 하는 일'이었다.

탄소중립 전초기지는 해저 · 해상을 활용한 실험과 교육이 함께 있어야 했다. 마리나 인 시티는 진입관문이자 생활 인프라여야 했고, 키즈월드(에듀돔)는 놀이와 학습이 섞이는 시민의 교실이어야 했다. 이름보다 운영이 먼저였다. 어떤 프로그램을 상시로 돌릴지, 야간 안전과 화장실 · 그늘 · 수유공간을 어디에 둘지부터 정했다. 해양 앵커시설은 **'행사장'**이 아니라 **'습관의 장소'**로 거듭나야 했다.

신설 자치구 출범

아이들이 자라 각자의 방을 떠나 제 몫의 문을 여는 순간을 바라보듯, 나는 인천이 몸집을 키워 새 자치구를 맞이하는 풍경을 지켜봤다. 검단은 2.1만 명에서 23만 명으로, 영종은 1.1만 명에서 12만 명으로 불어났다. 이 숫자는 행정구역의 선을 바꾸라는 분명한 신호였다.

중구 내륙과 동구가 제물포구로 어깨를 맞추고, 인천 3호선이 생기고 앞서 말한 제물포르네상스를 달성할 수 있게 총력을 기울이고 있다.

중구에 속했던 영종도는 영종구라는 이름으로 독립 할 것이다. 복합리조트와 바이오 특화단지로 글로벌 일자리를 품을 그릇을 갖췄다. 아라뱃길을 사이에 두고 아래쪽 지역은 서해구로, 위쪽은 검단구로 각자의 생활권을 나눠질 것이다.

[인천지하철 3호선 연안부두 노선 신설관련 주민간담회]

서해구는 인천대로 축을 따라 로봇과 유통 산업이 모여들며 도시의 허리를 탄탄히 했고, 검단구는 북부권 종합계획과 GTX · 서울 5호선 연계로 통근 시간을 줄이는 발판을 마련했다.

변화가 구획에 머물지 않도록 식탁의 일상부터 점검했다. 동 행정복지센터의 창구 기능, 전입 · 전출과 학교 배정 절차, 노인 돌봄과 보육 바우처의 전달 경로를 새 구도에 맞추어 정리했다. 쓰레기 수거와 주차 민원의 동선, 자치경찰과 소방의 출동 반경도 함께 조정했다. 의회에서는 행정 · 재정 · 인프라의 준비 상황을 항목별 체크리스트로 고정했다.

필요한 조례와 예산 항목을 생활 단위로 쪼개어 배치했고, 거창한 구호보다 주민등록 등 · 초본 발급 시간, 영유아 건강검진 이동거리, 통학길 횡단보도의 대기 신호 같은 체감 지표를 먼저 봤다.

각 구의 산업 얼굴은 달라도 목적은 같았다. 가까운 창구에서 빠르게 처리하고, 안전하게 이동하며, 저녁에도 불이 꺼지지 않는 동네를 만드는 일이었다. 나는 이 개편을 **'도시가 가족을 닮아가는 과정'**으로 받아들였다.

혁신을 외치다

시대적 과제 「지방의회법」 제정

지방의회법 제정은 단순한 제도 개선 과제가 아니라, 지금, 이 시점에서 반드시 추진돼야 할 절박한 과제였다.

2022년 지방자치법 개정으로 지방의회 인사권이 독립되며 첫걸음을 뗐지만, 조직권과 예산편성권은 여전히 집행기관에 묶여 있었다. 의회사무처 인력을 충원하거나 조직을 개편하는 일, 정책지원 전문인력을 확보하는 일조차 집행부의 승인 없이는 쉽지 않았다. 결국 지방의회는 주민의 대의기관임에도, 독자적 권한 행사에 한계가 있을 수밖에 없었다.

이러한 구조적 제약은 단순한 행정 편의의 문제가 아니라, 민주주의의 완결성과 직결된 문제였다. 지방의회는 집행부를 감시 · 견제하는 한편, 주민의 다양한 목소리를 반영해 정책을 입법으로 구체화하는 역할을 맡고 있었다.

그러나 현재처럼 예산편성과 조직 운영의 핵심 권한이 제한된 상태에서는 시민들이 체감하는 정책적 요구와 민생 현안에 기민하게 대응하기 어려웠다.

특히 기후위기 대응, 청년 일자리, 돌봄과 복지 서비스 등 복합적이고 다층적인 지역 과제를 풀어내려면 지방의회 스스로 연구하고 정책 대안을 설계할 수 있는 역량이 뒷받침돼야 했다.

그 기반을 보장하는 틀이 바로 「**지방의회법**」이었다.

더욱이 지역 균형발전과 자치분권 강화에 대한 주민의 요구는 날로 높아지고 있었다.

수도권과 지방의 격차는 경제지표뿐 아니라 생활 인프라, 문화 · 복지 서비스 전반에서 벌어지고 있었고, 주민들은 이제 지방의회가 집행부의 단순한 파트너가 아니라 지역사회 문제 해결의 주체로 나서기를 기대하고 있었다.

이런 상황에서 지방의회가 제 역할을 하기 위해서는 의회가 독립된 기관으로서 자율성을 확보해야 했다. 자치조직권과 예산편성권은 그 출발점이었고, 이는 곧 주민의 대의기관을 주민의 손에 돌려주는 일과 다르지 않았다.

국회가 중앙의 권한을 내려놓고 지방의회법 제정에 나서는 것은 권력의 분산이 아니라 권한의 정상화였다.

지방의회의 권한이 명확해질수록 책임 또한 무거워지고, 주민과의 소통 및 정책 역량 강화는 불가피한 과제가 됐다. 이는 지방의회의 성장을 이끌 뿐만 아니라, 지방자치 전체를 한 단계 성숙하게 만들 것이었다.

지방의회의 독립성과 책임성을 제도적으로 보장하는 「**지방의회법**」은 이제 선택이 아니라 필수였다.

이는 지방자치 발전의 전제이자, 민주주의의 생활 현장을 더 튼튼하게 만드는 길이었다. 시대가 요구하고 주민이 요청하는 이 과제를 더는 미뤄서는 안 된다.

05 장

그리고 나의 고향 인천

인천의 이름, 그 시간의 강을 따라

선사시대에서 삼국시대까지 _ 인천의 시작

고려시대 _ 바다와 나라의 문이 된 인천

조선시대 _ 닫힌 바다, 깨어나는 도시

개항기 _ 바다의 문이 다시 열리다

일제강점기 _ 빼앗긴 도시, 깨어나는 의지

광복 이후 _ 폐허 위에서 다시 피어난 도시

인천의 현재 _ 다양성 위에 세워진 도시의 힘

인천의 미래 _ 더 큰 바다를 향한 도시의 상상력

그 길에 대한민국의 내일이 있다

'인 천'이라는 두 글자는 나에게 단순한 지명이 아니라, 나의 과거이자 오늘이고, 또 내일이다.

한 세기를 넘어 이어져 온 그 이름 속에서 나는 늘 새로운 시작을 본다. 역사는 사람의 이야기로 흐르고, 사람은 도시를 닮는다.

인천의 역사와 나의 삶은 다르지 않다. 바다와 함께 호흡하고, 역사와 함께 변모하면서 한 번도 자리를 잃지 않았던 도시이다. 그것이 내가 살아온 인천이고, 끝내 사랑하게 된 인천의 시작이었다.

[센트럴파크 사진출처_인천경제청]

인천의 이름, 그 시간의 강을 따라

내가 살아온 이 도시, 인천의 첫 이름은 **'미추홀(彌鄒忽)'**이었다. 그 이름은 바다의 숨결과 함께 오래전부터 불려 왔고, 그 소리 속에는 사람들의 삶과 꿈이 실려 있었다. 지금으로부터 천오백여 년 전, 고구려 장수왕 시절-이곳은 **'매소홀현(買召忽縣)'**이라 불리며 역사에 처음 그 모습을 드러냈다. 바다를 마주한 작은 고을이었지만, 이미 서해의 물결을 따라 문물이 오가고, 사람들의 교류가 이어지던 터였다.

세월이 흘러 신라가 삼국을 통일하던 때, 행정구역의 이름도 바뀌어 **'소성현(召城縣)'**이 되었다.

이름은 바뀌었지만, 이 땅의 정체성은 변하지 않았다. 바다를 품고, 하늘을 바라보며, 사람과 사람이 어우러져 살아가던 삶의 무늬는 언제나 그대로였다.

고려 시대에 들어서면서 인천은 왕실의 피와 인연이 스며든 도시가 되었다. 숙종 때는 임금의 어머니가 이곳 출신이라 하여 **'경원군(慶源郡)'**으로 불리며 한층 위상이 높아졌고, 인종 때에는 왕비 순덕왕후의 내향이라 하여 **'인주(仁州)'**로 승격되었다. 왕실의 사랑을 받은 도시답게, 인천은 오랫동안 나라의 안녕과 함께 그 이름을 간직했다.

하지만 역사는 언제나 굴곡을 품는다. 이자겸의 난이 일어나고 권력의 흐름이 뒤바뀌자, 인주는 다시 **'경원부'**로 환원되었다. 그럼에도 이 땅은 **'칠대어향(七代御鄕)'**, 즉 일곱 대의 왕과 인연

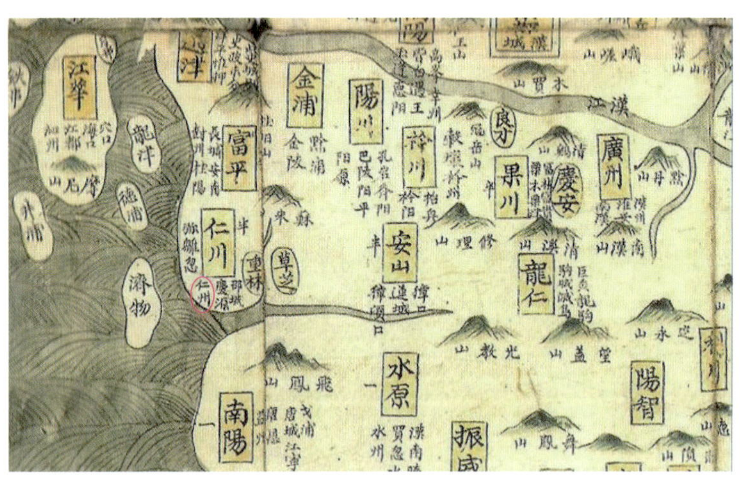

[18세기 초 지도]

을 맺은 고장으로 불리며, 고려 왕실의 기억 속에 깊이 새겨졌다. 인천은 그렇게 늘 역사의 한가운데서, 때로는 영광으로, 때로는 시련으로 그 이름을 새겨왔다.

조선 왕조가 들어서면서 **'경원부'**는 다시 **'인주'**로 불렸다가, 태종 13년(1413년)에 이르러 오늘 우리가 부르는 이름, **'인천(仁川)'**으로 바뀌었다. **'사람을 어질게 하는 물결의 고장'** 그 이름 속에는 유난히 따뜻한 정과 넉넉한 품이 느껴진다. 수많은 세월이 흘러도 인천의 바다는 늘 사람을 품었고, 파도는 언제나 돌아올 길을 열어두었다.

그날을 기려 지금도 매년 10월 15일, 인천은 **'시민의 날'**을 맞는다. 그 하루는 단순한 기념일이 아니라, 오랜 세월을 견뎌온 도시의 숨결을 되새기는 날이다. 바람이 불어오면 나는 종종 생각한다. 이 바람에도, 저 바다의 물결에도, 그 옛날 미추홀 사람들의 숨소리가 남아 있지 않을까.

나는 이 도시에서 태어나고 자랐으며, 이 이름과 함께 나이 들어왔다.

'인천'이라는 두 글자는 나에게 단순한 지명이 아니라, 나의 과거이자 오늘이고, 또 내일이다.

한 세기를 넘어 이어져 온 그 이름 속에서 나는 늘 새로운 시작을 본다. 역사는 사람의 이야기로 흐르고, 사람은 도시를 닮는다. 그래서 나는 언제나 믿는다. 인천의 역사와 나의 삶은 다르지 않다.

선사시대에서 삼국시대까지

인천의 시작

내가 살아온 이 도시, 인천의 시간은 한민족의 역사와 거의 같은 숨결로 이어져 왔다.

서해의 푸른 물결이 품은 이 땅에는 인류의 가장 오래된 기억이 머물러 있다. 강화도의 들녘과 연안의 언덕마다 구석기 사람들의 손길이 남아 있고, 조개무지와 토기, 돌칼과 화살촉은 이곳에서 이미 삶이 움트고 공동체가 자라났음을 말해준다. 바다와 함께 살아온 사람들, 그들의 땀과 기도가 쌓여 기원전 1세기경 **'미추홀(彌鄒忽)'**이라 불린 마을 공동체가 형성되었다. 그것이 바로 인천 역사의 첫 이름이었다.

서해의 푸른 물결이 품은 이 땅에는 대한민국의 가장 오래된 기억이 머물러 있다. 강화도의 들녘과 연안의 언덕마다 구석기 사람들의 손길이 남아 있고, 조개무지와 토기, 돌칼과 화살촉은 이곳에서 이미 삶이 움트고 공동체가 자라났음을 말해준다. 바다와 갯벌, 낮게 깔린 안개를 배경으로 선사시대 사람들은 이 땅에서 먹고 자고 아이를 키우며 서로를 의지했을 것이다. 지금 우리가 걷는 인천의 길 위에는, 그때부터 이어져 온 수천 년의 발자국이 내려앉아 있다.

강화도의 고인돌 군락은 그 오랜 세월의 무게를 지금도 품고 있다. 들판 한가운데 놓인 거대한 돌 하나, 둘이 아니라 수백 기가 이어져 줄지어 서 있는 풍경은 단순한 무덤이 아니다.

하늘과 땅, 사람을 잇는 신앙의 상징이었고, 이 땅의 공동체

[강화 고인돌]

가 하늘을 향해 품었던 소망의 무게였다. 2000년 유네스코 세계문화유산으로 지정된 강화 고인돌은 인천이 이미 선사시대부터 조직된 사회와 믿음의 질서를 갖추고 있었음을 보여준다. 전설에 따르면 단군이 이곳에서 하늘에 제사를 올렸다고도 한다. 신화와 역사가 맞닿아 있는 이 섬에서, 한민족의 시원이 지금도 숨을 고르듯 이어져 있는 듯했다. 그날 따라 바람이 유난히도 세게 불었다. 바람이 언덕을 훑고 지나갈 때마다 돌 위의 풀잎들이 파도처럼 일렁였고, 그 움직임이 마치 오래전 이곳을 스친 사람들의 숨결 같았다. 안내판에는 선사시대, 청동기, 제사, 세계문화유산 같은 단어들이 빼곡히 적혀 있었지만, 글자를 다 읽기도 전에 이상한 생각이 먼저 들었다.

'여기에도 사람들이 살았겠지. 먹고살 걱정하고, 사랑하고, 다투고, 아이를 품고, 그러다 어느 날 조용히 사라졌겠지.'

[강화 초지진 사진출처_인천관광공사]

내가 서 있는 바로 이 자리가 수천 년 전 누군가의 **'지금'**이었을지도 모른다고 생각하니, 발밑이 갑자기 묵직해졌다. 이 땅은 이미 다른 사람들의 삶이 여러 겹으로 쌓여 있는 자리라는 사실이 어렴풋이 전해져 왔다.

20대의 나는 정치라는 단어와는 한참 멀었다. 그저 하루하루 놀고 먹기에 바빴고, 세상에 대한 불만을 술잔에 탓하던 평범한 청년이었다. 그런데 강화의 언덕에서 내려오던 그날, 문득 이런 생각이 들었다. **'도시는 누가 만드는 걸까. 건물을 짓는 사람들만이 아니라, 이런 자리 하나를 지켜내는 사람들이 도시를 만드는 건 아닐까.'** 그 당시엔 이 생각이 내 인생을 어디로 데려갈지 상상조차 못 했다. 하지만 뒤돌아보면 그날을 경계로 내 시선이 달라졌다. 도시를 바라보는 눈이, 시간을 바라보는 마음이, 그리고 살아가는 태도까지 조금씩 바뀌기 시작했다. 그 이후로 나는 역사에 마음을 빼앗겼다. 틈만 나면 책을 펼치고 기록을 찾아보며 이 도시가 걸어온 시간을 따라갔다. 강화의 언덕에서 처음 느꼈던 그 묵직한 감정은 알고 보니 한없이 긴 이야기의 문턱에 불과했다.

도시가 품은 시간의 깊이는 내가 상상했던 것보다 훨씬 더 오래되고, 더 넓고, 더 복합적이었다. 기록의 페이지를 한 장 한 장 넘기다 보니, 어느새 내 앞에는 내가 살아온 시대보다 훨씬 앞선 세상의 모습이 서서히 모습을 드러내기 시작했다.

한강 유역에서 세력을 키운 백제와 북녘에서 남하한 고구려가 한반도의 주도권을 놓고 맞서던 시절, 인천은 어느 한 세력의 품에 오래 머물지 못했다. 때로는 백제의 군현으로, 또 때로는 고구려의 영토로 편입되며 시대의 강한 물결 속을 떠다니는 경계의 땅이었다. 하지만 경계의 땅이라는 말은 곧 열림의 자리라는 뜻이기도 하다. 백제는 중국과의 교류를 위해 인천 옥련동 일대를 항구로 삼았고, 그곳이 바로 내 지역구에 자리한 능허대(淩虛臺)다. 대륙과 한반도를 잇는 길이 오직 바다였던 시대, 인천은 단순한 항구가 아니라 세상과 만나는 문턱이었다.

바람을 타고 온 물자와 사상은 이곳을 통해 내륙으로 스며들었고, 다시 이 땅의 사람들의 꿈과 이야기가 바다를 건너 세상으로 퍼져 나갔다.

인천이 **'열린 도시'**였던 흔적은 이미 그때부터 시작된 셈이다. 신라가 삼국을 통일한 뒤에도 인천의 역할은 계속되었다. 당항성을 통해 중국과 교류하던 신라는 이 지역에 혈구진(穴口鎭)을 설치해 외적을 감시하고 막아냈다.

[능허대공원 연못(원래 바닷물이어야 했다 사진출처_인천관광공사]

그 시절의 인천은 단순한 항구를 넘어 나라의 경계를 지키는 요새였고, 바다의 파수꾼이었다.

바닷가 마을의 사람들은 언제 닥칠지 모르는 위협 앞에서도 흔들림 없이 삶을 지켜냈다. 바람과 파도 속에서도 하루를 살아내는 그들의 의지와 용기, 그 굳은 마음이 나는 오늘의 인천 정신으로 이어져 있다고 믿는다.

돌과 흙으로 쌓아 올린 선사시대의 터전에서 시작해, 삼국의 거센 바람과 파도를 견디며 오늘의 도시로 성장한 곳이다. 인천은 그렇게 태어났고, 그렇게 살아남았다.

바다와 함께 호흡하고, 역사와 함께 변모하면서 한 번도 자리를 잃지 않았던 도시이다. 그것이 내가 살아온 인천이고, 끝내 사랑하게 된 인천의 시작이었다.

고려시대

바다와 나라의 문이 된 인천

고려의 세월이 시작되면서, 인천의 바다는 다시 한 번 나라의 문이 되었다. 개성에 도읍을 정한 고려 왕조는 대륙과의 교류를 중시했고, 그 길은 언제나 바다에서 시작되었다. 서해의 물길은 왕의 도시로 향하는 혈맥이었고, 그 입구에는 강화와 교동, 자연도 같은 섬들이 자리 잡고 있었다.

이곳은 단순한 바닷길이 아니라, 고려의 꿈과 세계를 잇는 통로였다. 그 시절 인천은 바다를 통해 이미 세상과 숨결을 나누던 도시였다. 바로 그때, 글로벌 도시 인천의 서막이 열리고 있었다. 바람이 닿는 곳마다 상선이 오갔고, 외국의 사신과 상인들이 이 바다를 따라 개성으로 들어왔다. 왕조는 이 길을 지키고 다듬기 위해, 지금의 부평 일대에 **'안남도호부(安南都護府)'**를 설치했다. 수도의 남쪽을 방어하는 군사 거점이자, 서해 무역의 관문이었다. 그 아래로는 인천의 옛 이름인 소성현(邵城縣), 그리고 시흥·양천·통진·김포가 예속되어 있었다. 이때부터 인천은 **'꼬레아(Korea)'**라는 이름이 서방세계에 닿는 첫 문턱이 되었다. 즉, 고려의 바다는 인천에서 시작되었다고 해도 과언이 아니다. 왕실의 혼맥을 통해 인천의 위상은 더욱 높아졌다. 숙종 때에는 왕비의 외가라는 이유로 **'경원군(慶源郡)'**으로 승격되었고, 인종 때에는 **'인주(仁州)'**라 불리며 그 이름 속에 **'인(仁)'**의 덕이 새겨졌다.

훗날에는 **'칠대 어향(七代御鄕)'**이라 하여, 일곱 대의 왕비를 배출한 땅이라 불릴 만큼, 왕실과 깊은 인연을 맺은 도시가 되었다. 이 시기 인천은 명실상부하게 개성 다음으로 번화한 도시였다. 학문과 예술, 무역과 군사가 어우러진, 당시로서는 드문 개방의 중심이었다. 그 무렵 강화는 더욱 특별한 역사를 품었다. 몽골의 침입이 거세지자 고려 조정은 수도를 강화로 옮겼고, 39년 동안 이곳은 나라의 심장이 되었다. 바다와 섬으로 둘러싸인 강화는 단단한 요새였고, 백성들은 바다를 방패 삼아 나라를 지켰다. 수많은 승려와 백성들이 성벽을 쌓고, 불탑과 절을 세웠으며, 외세의 위협 속에서도 신앙과 문화를 잃지 않았다.

강화의 절벽에 부딪히는 파도소리에는 그때의 분노와 의지가 아직도 남아 있는 듯하다.하지만 영광의 시간도 오래가지 못했다. 몽골의 지배가 시작되고, 새 왕조인 조선이 들어서면서, 강화와 인주의 찬란했던 문물들은 하나둘 사라져 갔다. 왕조의 중심이 한양으로 옮겨지자, 인천의 이름도 다시 바다의 바람 속으로 묻혔다. 그러나 나는 생각한다. 그 침묵의 시간 속에서도 인천은 결코 사라지지 않았다. 왕의 피난처였던 강화의 돌 하나, 인주의 터전마다 쌓인 흙 한 줌이 그 역사를 기억하고 있었기 때문이다.

고려 오백 년 동안 인천은 개성 다음으로 번성한 도시였다. 왕조의 심장이 숨 쉬던 강화, 학문과 상업이 함께 피어난 인주와 부평, 그리고 바다로 열린 서해의 항로들... 그 모든 것이 오늘의 인천을 이루는 뿌리가 되었다.

나는 그 역사의 연장에서 살아왔다. 바다를 지키며 나라를 열었던 선조들의 숨결이, 지금도 이 도시의 바람 속에, 그리고 내 삶의 길 위에도 흐르고 있다.

조선시대

닫힌 바다, 깨어나는 도시

고려의 불빛이 저물고 새 왕조 조선이 들어서면서, 인천의 바다에도 긴 정적이 내려앉았다.

조선은 나라의 근본을 유교의 도리에서 찾고, 사람의 마음을 교화하며 스스로의 힘으로 살아가려 했다. 바다를 통한 교류보나 땅을 통한 자급자족이 중시되었고, 외세와의 문은 굳게 닫혔다. 그리하여 서해의 물결 위로 오가던 돛배의 그림자도 사라지고, 강화와 부평, 인천의 포구마다 고요가 찾아왔다. 사신의 행렬이 끊기고, 상선의 닻이 내려앉은 뒤로, 인천은 점차 바다의 도시에서 농어촌의 마을로 변해갔다. 왕조의 질서는 새로웠지만, 그 속엔 고려의 흔적을 지우려는 냉정한 손길이 있었다.

한때 왕실의 근거지로 번성했던 경원부는 **'인천군(仁川郡, 1413)'**으로 이름이 바뀌며 그 위상이 낮아졌다.

'인주(仁州)'라 불리던 옛 이름은 사라지고, **'주(州)'**자를 **'천(川)'**으로 고지는 행성개편의 원칙에 따라, **'인(仁)'**과 **'천(川)'**이 만나 지금의 **'인천(仁川)'**이라는 이름이 세상에 처음으로 나타났다. 그 이름 속에는 사람을 품는 **'인(仁)'**과, 흐르며 모든 것을 이어주는 **'천(川)'**의 뜻이 담겨 있다. 그 두 글자가 모여, 오늘의 도시를 이루는 첫 씨앗이 되었다. 세월은 흐르고, 조선의 하늘 아래 인천

[신미양요 당시 조선으로 출동한 콜로라도호와 미군장교들]

은 조용한 변방으로 남아 있었다. 바다를 지키는 군사들이 파도 소리를 들으며 보초를 섰고, 주민들은 갯벌을 일구며 농사를 지었다. 그 고요한 시간은 마치 숨을 고르는 듯했지만, 역사는 다시 이 땅을 불러 세웠다.

임진왜란과 병자호란이 잇따라 나라를 뒤흔들자, 인천은 또다시 나라의 방패가 되었다. 조정은 강화도를 북방의 위협으로부터 왕실을 지키는 **'보장처(保障處)'**로 삼았고, 남쪽의 전란에는 남한산성을 거점으로 삼았다. 이 전략의 중심에 인천과 강화가 있었다. 바다를 향한 모든 길이 다시 열리고, 해안 곳곳에 진과 성이 세워졌다.

한때 잠잠했던 바다는 또 한 번 나라의 운명을 품은 바다가 되었다. 17세기 말엽, 인천은 강화도를 중심으로 거대한 육해군

[인천 감리서]

의 요새로 변모했다. 왕실의 피난처이자 나라의 방패로서, 인천의 바다는 국가의 경계를 지키는 파수꾼이 되었다. 그러나 이러한 변화는 어디까지나 행정과 군사의 움직임에 머물렀다. 사람들의 삶은 여전히 바다와 땅에 묶여 있었고, 조용한 일상 속에서도 역사는 천천히 움직였다. 그 와중에 강화도의 갯벌은 점점 메워져, 오늘날의 넓은 강화평야가 태어났다. 그것은 침묵의 세월이 남긴, 자연의 기적이었다.

그러나 19세기에 접어들며 세계의 바람이 이 땅을 향해 불어오기 시작했다. 서양의 군함들이 중국과 일본을 거쳐 조선의 문을 두드리기 시작했고, 그들의 시선은 한양으로 향하는 서해의 관문, 인천에 닿았다.

병인양요(1866)와 신미양요(1871)는 그렇게 이 바다에서 일어났다. 포성이 강화의 성벽을 울렸고, 불길이 서해의 바람을 타고 번졌다. 그러나 인천의 바다는 굴하지 않았다.

몽골의 침입 때 그러했듯, 이곳의 백성들은 다시 한번 나라를 지켜냈다. 그들의 땀과 피가 스며든 강화의 바위마다 **'조국수호'**의 세 글자가 새겨져 있었다. 전쟁이 끝난 뒤, 조선은 다시 문을 걸어 잠갔지만, 세상은 이미 변하고 있었다.

일본의 강압과 내정의 혼란 속에서 결국 1876년, 조선은 강화도조약을 체결하며 문호를 열게 된다. 그날 이후, **'은둔의 나라'**라 불리던 조선은 더 이상 숨을 곳이 없었다. 외세의 발길이 잦아들고, 바다 건너 새로운 문물이 밀려들었다. 그 물결의 맨 앞에, 언제나 인천이 있었다.

1883년, 제물포에 인천해관과 감리서가 설치되었다.

이곳에는 각국의 영사관이 들어서고, 일본·청나라의 조계가 만들어졌으며, 상점과 공장, 학교와 교회가 세워졌다.

오랜 세월 닫혀 있던 바다가 다시 열리고, 인천은 한반도의 첫 국제도시로 거듭났다. 500년 만에 다시 깨어난 바다, 그것이 인천의 부활이었다. 조선의 바다는 이곳에서 세계와 이어졌고, 나라의 운명 또한 이곳에서 다시 움직이기 시작했다.

개항기

바다의 문이 다시 열리다

조선의 오랜 고요를 깨운 것은 바다였다. 1876년, 강화도조약으로 조선의 문이 열리면서, 인천의 바다는 다시 한 번 역사의 중심으로 떠올랐다. 오랜 세월 바람과 파도만이 드나들던 포구에 낯선 언어와 새로운 문물이 밀려들었고, 그 흐름의 가장 앞자리에 제물포가 있었다. 그날 이후 인천은 단순한 바닷가 마을이 아니라, 나라의 운명을 바꿀 첫 무대가 되었다.

처음엔 모든 것이 낯설었다.

서양의 배들이 닻을 내리고, 일본과 청나라의 상인들이 내륙을 오가자 제물포에는 이전과 전혀 다른 풍경이 펼쳐졌다. 항구

[인천해관 초기 사진]

에는 인천해관이 세워지고 감리서가 자리 잡았으며, 각국의 영사관과 조계지들이 늘어섰다. 새로운 학교와 교회, 상점과 창고가 들어서면서 바다 너머의 문명이 인천의 골목마다 스며들었다.

하지만 그것은 단순한 **'문명의 빛'**만이 아니었다. 그 빛 뒤에는 조선의 흔들리는 주권과, 이 땅의 사람들이 낯선 권력의 언어에 길들여져 가는 짙은 그림자가 겹쳐 있었다. 전쟁에서 승리한 일본은 조선 지배권을 완전히 거머쥐었고, 인천을 식민지 경영의 교두보로 삼았다. 그들은 바다를 장악하고 물류를 통제하기 위해 1899년 제물포에서 한성까지 한반도 최초의 철도인 경인선을 부설하고, 항만을 확장하며 부두를 정비했다. 그러나 인천은 이미 그 이전부터 **'조선 근대화의 첫 장면들'**을 품어온 도시였다.

1885년 아펜젤러가 세운 내리교회는 한국 감리교회의 발상지이자 인천 최초의 개신교 교회가 되었고, 1892년 존스 선교사 부부가 설립한 영화학교(영화학당)는 한국 최초의 초등학교이자

[아펜젤러가 세운 내리교회 사진출처_인천관광공사]

근대 사립교육의 시작이었다. 새로운 학교와 교회, 외국 상점과 창고들이 줄지어 들어서며 인천은 교육 · 종교 · 상업이 동시에 피어난 **'근대 문명의 관문'**으로 변모했다.

그리고 1899년 9월, 인천역(당시 제물포역)에서 노량진역까지 약 33km를 잇는 경인선이 개통되었다. 한강철교가 놓이기 전까지는 노량진에서 배를 타고 한성으로 넘어가야 했지만, 그럼에도 경인선은 조선에서 가장 먼저 달린 철마였고, 곧 한반도 산업화와 물류 시스템의 출발점이 되었다. 인천은 항만과 철도가 맞물린 **'근대 교통의 심장'**으로 자리매김했다. 이처럼 인천은 학교 · 종교 · 철도 · 항만에 이르기까지 한국 근대의 **'첫 순간들'**을 품은 도시였으며, 그 변화의 물결은 조선 사회 전체로 번져 나간 거대한 전환의 서막이었다. 그러나 그 문명은 언제나 빛과 그림자를 함께 지녔다. 변화의 외피는 화려했지만, 그 속에는 주권의 흔들림과 삶의 방식이 뒤바뀌는 낯선 시대가 조용히 스며들고 있었다.

1910년 한일강제병합 이후 일본은 더욱 노골적으로 이 도시를 재단했다. 토지조사사업(1910~1918)으로 농토는 빼앗겼고, 산미증식계획(1920년대)과 부평수리조합(1923)의 설립으로 농민들은 더 이상 땅의 주인이 아니라 소작인으로 전락했다.

강화의 갯벌에서, 부평의 들녘에서, 그리고 인천의 작은 포구마다 사람들의 신음이 들려왔다. 삶은 메말라갔고, 가족의 손이 흙을 떠날수록 공동체의 온기도 식어갔다. 그러나 일본은 그 와중에도 자신들의 이익을 위해 도시를 새롭게 꾸몄다.

그들은 제물포를 중심으로 행정과 산업을 집중시키며, 일본인들이 거주하기 좋은 도시를 만들기 시작했다.

1910년 인천군이 인천부로 바뀌었고, 1914년에는 행정구역이 다시 개편되었다. 일본인 거주지를 중심으로 부역(府域)은 축소되고, 주변의 농어촌 지역은 부평을 중심으로 새로 만든 부천군(富川郡)에 편입되었다.

인천의 전통적인 마을과 생활권은 갈라지고, 공동체의 질서는 흔들렸다. 골목의 이름도, 거리의 표기도 일본식 정(町)과 정목(丁目)으로 바뀌었다. 그때부터 인천의 도심은 더 이상 우리 손에 있지 않았다. 이방의 언어가 행정을 지배하고, 이국의 문화가 삶의 결을 바꾸어 놓았다.

나는 그 시절의 인천을 생각하면 늘 안타까운 마음이 든다. 바다를 향해 열린 도시였지만, 정작 그 바다를 자유롭게 건널 수 없던 사람들이다.

세상과 가장 먼저 닿았지만, 세상의 변화에 가장 깊이 상처받았던 도시이며, 그것이 개항기의 인천이었다.

그러나 그 상처 속에서도 이 도시의 사람들은 굴하지 않았다. 쇠로 덮인 부두 밑에서도, 짓밟힌 논두렁에서도, 그들은 다시 일어섰다. 바다를 빼앗겨도, 희망만은 빼앗기지 않았다. 그 뜨거운 생명력이 오늘의 인천을, 그리고 나의 고향 인천을 있게 한 힘이었다.

일제강점기

빼앗긴 도시, 깨어나는 의지

나라가 식민의 어둠 속으로 들어서자, 인천의 바다에도 긴 한숨이 드리워졌다. 일본은 단순히 조선을 지배한 것이 아니라, 인천을 대륙으로 향한 발판으로 삼았다.

그들은 바다를 건너와 항만을 확장하고, 공단을 세우며, 도시와 농토를 제 손안에 넣기 시작했다. 김포와 부평의 넓은 평야는 식민지의 식량창고로, 인천의 부두는 제국의 출항지로 바뀌었다. 이 과정에서 인천은 그들의 군사와 산업의 기지가 되었고, 사람들은 더 이상 이 땅의 주인이 아니었다. 개항 직후만 해도 제물포는 조그만 항구도시였다.

상인들의 발길이 오가고, 포구마다 사람들의 웃음소리가 들리던 곳이었다. 그러나 1910년, 나라가 빼앗기고 일제가 식민 통치를 강화하면서 그 모습은 송두리째 달라졌다.

일본은 인천의 땅을 새로 구획하고, 부평평야를 '절대농지'로 지정했다.

그들은 쌀과 목면을 수탈해 자국으로 실어 나르며, 그 수익으로 철로를 놓고 공장을 세웠다. 도시는 팽창했지만, 사람들의 삶은 오히려 좁아졌다. 땅을 잃은 농민은 하루 품삯에 생계를 맡긴 노동자가 되었고, 여성과 아이들까지 공장으로 내몰렸다. 삶의 터전은 공단의 매연 속에 묻히고, 포구의 물빛도 더 이상 푸르지 않았다. 그 시절 인천의 거리에는 통곡이 메아리처럼 울려 퍼졌다고 한다. 일본은 도시를 완전히 자기들 손으로 다시 만들었다. 1914년, 행정구역이 개편되며 인천의 원도심은 일본인 중심의 **'인천부(仁川府)'**로 축소되고, 주민이 살던 농어촌 지역은 **'부천군(富川郡)'**으로 흡수되었다.

골목의 이름이 바뀌고, 거리마다 **'정(町)'**과 **'정목(丁目)'**이라는 일본식 표기가 붙었다. 전통시장과 마을길은 사라지고, 대신 일본 상점과 관청이 그 자리를 차지했다. 도시의 중심부는 일본인의 거주지로, 주변부는 그들을 위해 일하는 조선인의 거주지로 나뉘었다. 이방의 언어가 행정을 지배했고, 이방의 문화가 일상을 덮었다. 그 속에서 인천은 겉으로는 근대 도시로 성장했지만, 실상은 식민의 사슬에 묶인 **'억눌린 도시'**였다. 그러나 이 땅의 사람들은 침묵하지 않았다. 처음에는 갈등이 조용히 피어올랐다.

[인천객주회 상상도]

[서상집이 설립을 주도한 인천항신상협회 상상도]

항만에서, 시장에서, 부두에서 조선인 상인과 일본 상인 간의 다툼이 벌어졌고, 노동자들의 임금 투쟁이 조금씩 고개를 들었다.

1880년대에 결성된 인천객주회(仁川客主會)와, 그 뒤를 이은 인천항신상협회(仁川港紳商協會, 1897)는 조선 상인들이 힘을 모아 일본 자본에 맞선 첫 조직이었다. 그들은 외세의 자본 앞에서도 상권을 지키려 애썼고, 동시에 학교를 세우고, 후학을 길러내며, **'스스로 서는 힘'**을 키워갔다. 이처럼 인천의 저항은 총칼보다 **'의식'**에서 시작되었다.

민족의 자존을 깨우는 사회운동, 계몽과 실력양성의 바람이 이 바다 도시의 골목마다 불어왔다.

1919년 3월, 그 불길이 마침내 터져 나왔다. 1919년 3월 6일, 인천에서 시작된 만세운동은 인천공립보통학교(현 창영초등학교) 학생들의 동맹휴교와 만세시위에서 비롯되었다.

학생들은 서울에서 퍼져온 3·1운동 소식을 접한 후, 정오가 되자 인천 배다리 장터로 모여 **"대한독립만세"**를 외치며 시위를 시작했다. 이들의 용기 있는 외침은 곧 시민들에게 번져, 대규모 만세운동으로 확산되었다. 당시 인천은 조선의 어떤 지역보다도 일본의 영향력이 깊숙이 뻗어 있던 곳이었다. 그럼에도 인천공립보통학교와 인천공립상업학교 학생들은 동맹휴업을 결행했고, 지역 주민 300여 명이 함께하며 인천 시가지와 경인가도(京仁街道), 만국공원(萬國公園) 일대에서 치열한 독립만세 운동이 펼쳐졌다. 이 시위는 무려 나흘 동안 인천의 중심부에서 계속되었고, 학생과 시민이 하나가 되어 일제의 심장을 향해 항거하였다. 서울에서 터져 나온 만세의 함성은 인천의 거리로 밀려왔고, 그 울림은 부평과 김포를 지나 강화까지 퍼져 나갔다.

3월 6일부터 한 달 넘게, 인천 곳곳에는 **"대한독립 만세!"**의 외침이 메아리쳤다. 여인들은 태극기를 품에 안고 거리를 달렸고, 청년들은 목숨을 걸고 깃발을 들었다. 그날의 외침은 단순한 구호가 아니라, **"다시 살아나겠다"**는 인천의 선언이었다.

비록 3 · 1운동 이후 일본이 **'문화정치'**라는 이름으로 통치 방식을바꾸었지만, 그것은 겉모습만 바뀐 또 다른 지배였다. 그러나 이 땅의 사람들은 굴복하지 않았다.

인천에서 타오른 독립의 불꽃은 민족의 의지를 이어가게 한 거대한 불씨가 되었고, 이를 기억하는 일은 오늘의 인천을 이해하는 또 하나의 시작이다.

1920년대에 들어서자, 인천의 노동운동과 청년운동은 전국에서도 손꼽히게 활발해졌다. 인천조선물산소비조합(1923)을 중심으로 물산장려운동이 펼쳐졌고, 기독교회와 청년회에서는 금주 · 단연 운동이 이어졌다. 또 신간회(新幹會)와 근우회(槿友會)의 인천지회가 조직되어, 계몽과 단결의 목소리가 인천 곳곳에서 울려 퍼졌다.

공장에서, 학교에서, 교회와 시장에서, 사람들은 **'조선의 내일'**을 이야기했다. 그것은 칼과 총이 없는 싸움이었지만, 마음으로는 누구보다 치열한 항전이었다. 일제 말기의 혹독한 탄압 속에서도 인천의 항일정신은 꺼지지 않았다. 한글을 금지하고, 이름을 빼앗아도, 사람들의 기억 속에는 여전히 조선의 혼이 살아 있었다. 그 불씨가 결국 1945년 광복의 새벽으로 이어졌다. 인천의 바다는 다시 조국의 하늘빛을 비추었고, 사람들은 포구마다 태극기를 걸었다.

그날의 환호 속에는, 억압받고 빼앗겼던 세월을 견뎌낸 인천 사람들의 눈물이 섞여 있었다. 그 시절 인천의 역사는 슬픔의 역사였지만, 동시에 희망의 역사이기도 했다. 바다를 잃고도 꿈을 잃지 않았던 사람들, 빼앗긴 도시에서 다시 길을 찾았던 사람들, 그들이 있었기에 인천은 무너지지 않았다.

그리고 오늘의 나는, 그들의 용기 위에 세워진 도시에서 살아가고 있다.

광복 이후

폐허 위에서 다시 피어난 도시

해방의 날, 온 나라가 환희로 들썩였지만, 그 기쁨은 오래가지 못했다. 일제가 물러간 자리에는 분열과 혼란이 남아 있었다.

나라의 이름조차 통일되지 못하고, 사상과 이념이 갈라진 시대, 그 혼돈의 한복판에 인천이 있었다.

9월 8일, 미군이 가장 먼저 인천항에 들어왔고, 이 땅은 새 세상의 관문이자 또 한 번의 역사의 무대가 되었다. 그러나 자유의 문이 열렸다고 해서 곧 평화가 찾아온 것은 아니었다. 미군정의 질서 속에서 제물포는 **'제물포시'**로 불리기도 했고, 이후 지방자치법이 시행되면서 1949년 **'인천시'**라는 새 이름을 얻었다.

그해 8월 15일, 해방의 날과 같은 날짜였다. 이 도시가 다시금 스스로의 이름을 되찾던 순간이었다.

1952년, 인천시의회가 구성되고 시장이 선출되었을 때, 비록 제도는 미숙했으나 사람들의 마음은 단단했다. 오랜 세월 통치와 지배의 대상이었던 시민들이 처음으로 자신의 손으로 도시의 미래를 결정하는 시대가 열린 것이다. 그것은 인천이 처음으로 경험한 **'진짜 민주주의'**였다. 길 위에 남은 일본어 표지판이 사라지고, 미군정 시절의 잔재가 조금씩 걷혀가며 도시는 천천히, 그러나 꾸준히 새로운 숨을 쉬기 시작했다. 하지만 그 숨결이 온전히 자리를 잡기도 전에, 1950년 6월, 전쟁이 터졌다. 새벽의 포성은 인천의 바다와 산을 동시에 뒤흔들었다.

공장 굴뚝은 불길에 무너지고, 부두의 크레인들은 녹아내렸다. 가까스로 되찾은 자유는 다시 불안의 그림자 속으로 숨어버렸다.

전쟁은 단지 사람의 생명을 앗아간 것이 아니라, 도시의 기억까지도 지워버렸다.

인천의 거리는 폐허가 되었고, 부평의 논밭에는 피난민의 천막이 줄지어 섰다. 그러나 인천은 다시 일어섰다. 1953년 휴전 후, 이북에서 내려온 20만 명의 피난민이 이곳에 정착했다. 그들은 삶의 잿더미 속에서도 희망을 일구었다. 배를 고치고, 공상을 다시 세웠다.

미군의 원조와 한 · 미친선위원회의 지원, 그리고 정부의 복구정책이 더해지면서 인천은 다시 **'산업의 불빛'**을 되찾기 시작했다. 휴전 이듬해 말, 인천에는 200개가 넘는 공장이 돌아가고 있었다. 그러나 자재도, 전기도, 기술도 부족했다.

[인천상륙작전 당시의 유엔군 사령관 더글러스 맥아더 장군의 모습]

그럼에도 사람들은 밤낮으로 기계를 돌렸다. 그 쇳소리가, 인천이 다시 살아 있음을 증명하는 심장이었다. 그리고 그 이전,

1950년 9월 인천상륙작전은 대한민국을 풍전등화의 위기에서 건져 올린 결정적 전환점이었다. 전국이 무너져가던 그때, 인천은 작전의 출발점이자 거대한 희생을 감내해야 했던 최전선의 도시였다.

수많은 민가가 파괴되고 항만과 산업시설이 폐허가 되었지만, 그 작전의 성공은 곧 대한민국의 생존을 의미했다. 도시는 상처를 입었지만, 그 상처는 대한민국을 살린 자리였다. 인천의 희생이 없었다면, 오늘의 대한민국도 존재하지 않았을지 모른다.

그래서 나는 이렇게 말하고 싶다.

"인천은 단지 한 도시가 아니라, 대한민국을 다시 일으켜 세운 심장이다. 인천이 살아났기에 대한민국이 살아났다. 인천이 곧 대한민국이다."

1960년대에 들어서면서 인천은 또 한 번 변모했다. 경제개발 5개년 계획이 추진되면서, 이 도시는 대한민국 산업화의 최전선이 되었다. 부평과 원인천에 대규모 공단이 세워지고, 항만은 수출입의 중심이 되었다. 도로가 닦이고 철도가 이어지면서, 사람과 자본이 몰려들었다. 그때부터 인천은 다시 성장의 이름으로 불리기 시작했다. 1968년 구제(區制)를 시행할 때, 인천은 이미 서울 · 부산 · 대구에 이어 대한민국의 네 번째 대도시로 우뚝 섰다. 그로부터 불과 10여 년 뒤, 인구는 100만을 넘어섰고 1981년 마침내 인천은 **'직할시로 승격'**되었다. 바다와 공장, 사람과 땀, 그리고 그 모든 역경의 결실이었다.

[1981년 7월 1일 인천직할시 승격 기념행사]

1990년대에 들어서면서, 인천은 또 다른 이름 **'광역시'**으로 불리기 시작했다. 1995년 3월 1일, 인천은 다시 한 번 태어났다. 부평의 산업, 강화의 역사, 옹진의 바다, 그리고 송도의 신도시가 하나로 엮였다. 그것은 단순한 행정 구역의 통합이 아니라, 인천이라는 이름이 대한민국의 심장으로 도약하는 선언이었다. 한때 폐허였던 도시가, 이제는 세계를 향해 문을 연 것이다.

2001년 3월, 인천국제공항이 문을 열었다. 세계로 향하는 하늘길이 인천의 바다 위에서 시작되었다. 그 길은 과거의 능허대를 잇는 새로운 문이었다. 공항과 항만, 송도국제도시, 영종과 청라, 남동과 부평,인천의 지도가 다시 그려졌다. 공유수면이 메워져 산업단지와 물류단지가 세워지고, 인천지하철이 개통되며 사람들의 발걸음은 더욱 가까워졌다. 문화시설이 들어서고, 해안에는 시민공원이 조성되었다. 그 변화의 속도는 눈부셨지만, 그 바탕에는 언제나 사람들의 인내가 있었다. 지금의 인천은 더 이상 한 도시의 이름이 아니다. 그것은 한반도의 관문이며, 동북아의 중심이고, 대한민국의 새로운 시작을 상징하는 이름이다. 서울의 문턱이자, 세계로 나아가는 첫 걸음으로 바다를 품고, 산업을 일구며, 사람을 키워낸 도시이다. 나는 그 인천에서 태어나, 그 변화를 온몸으로 보아왔다. 고요한 포구에서 세계의 공항으로, 갯벌에서 첨단도시로, 인천의 시간은 언제나 도전이었고, 언제나 재생이었다. 돌이켜보면, 인천의 역사는 늘 상처 위에서 다시 꽃을 피운 이야기였다. 고려의 바다에서 시작해, 조선의 성곽을 지나, 식민의 어둠과 전쟁의 폐허를 딛고, 오늘의 빛나는 도시로 이어진 시간, 그 모든 길 끝에서 나는 묻는다.

인천이란 무엇인가?

그것은 단지 한 도시의 이름이 아니라, 포기하지 않는 사람들의 이름, 그리고 나의 또 다른 이름이었다.

[인천국제공항 사진출처_인천관광공사]

인천의 현재

다양성 위에 세워진 도시의 힘

인천은 지금, **'대한민국에서 가장 다채로운 얼굴을 가진 도시'**이다. 거리에서 들리는 말투가 다르고, 식당에서 끓는 국물의 향이 다르고, 사람들의 기억 속 고향 풍경도 제각각이다. 누구는 전라도의 푸른 들판을 이야기하고, 누구는 경상도의 산 능선을 떠올리며, 또 누구는 충청의 느긋한 골목과 사투리를 그리워한다. 그런데 이렇게 다른 기억과 이야기가, 이상하리만큼 자연스럽게 인천이라는 한 울타리 안에서 함께 어울려 살아가고 있다.

인천이 품은 **'다양성'**은 단순한 인구 통계로 설명되지 않는다. 서울과 경기에서 이주해 온 젊은 세대와 신혼부부, 산업단지와 공단을 따라 전국 각지에서 모여든 장인과 노동자들, 강화와 옹진의 섬마을, 미추홀과 중구의 원도심, 송도와 청라의 신도시까지 서로 다른 생활권이 한 도시 안에서 촘촘히 겹쳐져 있다. 이곳에서는 한 지역, 한 세대의 삶만 흐르는 것이 아니라, 여러 지역 · 여러 세대의 시간이 동시에 흘러간다. 그래서 인천을 두고 **"고향이 없는 도시"**라고 말하는 사람들도 있다.

어디를 가도 원주민과 이주민이 섞여 있고, 한 동네에서도 출신이 다른 사람들이 한 지붕 아래 산다. 지역 정체성과 애향심이 약하다는 지적도 있다. 뿌리가 깊게 한곳에 고여 있는 도시라기보다는, 끊임없이 유입되고 섞이며 흘러가는 도시이기 때문이

다. 하지만 나는 이 점을 인천의 약점이 아니라, 오히려 가장 큰 힘이라고 생각한다. 고향이 다른 사람들이 모여 살면서 인천은 자연스럽게 **'포용의 문화'**를 몸에 익힌 도시가 되었다.

낯선 이들을 경계하기보다, 함께 살아가는 법을 먼저 배운 도시이다. 새로운 가게가 문을 열면 **"어디서 왔느냐"**보다 **"뭐 파느냐"**가 먼저 궁금한 도시이다.

새로운 아이가 학교에 전학 오면 **"너 어느 지역이니?"**보다 **"같이 밥 먹자"**가 먼저 나오는 도시이다.

이 포용의 기질은 갑자기 생긴 것이 아니라, 인천의 긴 역사 속에서 길러진 유산이기도 하다. 개항장 시절부터 외국 상인과 내륙 상인이 부두와 시장에서 뒤섞였고, 해방 이후에는 실향민과 산업 인력, 도시개발 과정에서 유입된 신도시 주민들까지 끊임없이 인천으로 몰려왔다. 그 거대한 흐름 속에서 인천은 **'누구의 도시'**라기보다, 자연스럽게 **"모두의 도시"**가 되어왔다.

나는 의정활동을 하며 매일 이 도시의 다양성을 마주한다. 새벽 어시장에서 얼음을 깨며 하루를 여는 상인들, 송도에서 창업을 준비하는 청년들의 눈빛, 강화 들녘에서 농사를 짓는 농부들이 들려주는 계절의 이야기, 섬마을 주민들의 넉넉한 미소까지. 살아가는 방식도, 말투도, 손에 쥔 일도 모두 다르지만, 주민등록 주소 한 줄에는 똑같이 **'인천광역시'**라는 이름이 적혀 있다. 나는 그 사실이 늘 묵직하게 다가온다.

처음 새벽 어시장에 갔던 건 스물 세살이었다. 친구가 하루 아르바이트가 있다며 같이 가보자고 했고, 나는 그냥 친구가 좋아 망설임 없이 따라나갔다.

[인천종합 어시장 사진출처_인천관광공사]

그날 새벽 세 시 반, 아직 하늘은 칠흑 같은데 시장 안은 이미 낮처럼 뜨거웠다. 얼음을 깨는 쇳소리, 트럭 뒤에서 생선을 내리는 구호, 경매사 목소리가 한꺼번에 섞여 귀를 때렸다. 바닥은 축축했고 장화 안으로 물이 조금씩 스며들었지만, 그때는 발보다 눈이 먼저 바빴다. 그날 내 일은 단순했다. 스티로폼 박스를 옮기고, 얼음을 부수고, 바코드 종이를 붙였다 떼는 일. 머리를 비우고 몸만 움직이면 되는 일이었다. 그런데 옆에서 같이 박스를 나르던 형 하나가 눈에 들어왔다. 말투가 어딘가 낯설어서 물어보니, 전라도에서 막 올라온 스물일곱살이라고 했다.

"왜 하필 인천이에요?"라고 장난스럽게 물었더니, 그 형이 웃으면서 이렇게 말했다. **"서울은 너무 비싸고, 부산은 너무 멀고, 여기 인천이 딱 좋더라고요. 어디서 왔는지 따지는 사람도 별로 없고, 일만 제대로 하면 자리 잡을 수 있을 것 같아서요."**

그 대답이 의외로 오래 남았다. 나는 인천에서 나고 자라서 인천이 당연했는데, 누군가에게 인천은 **'선택한 도시'**였던 것이다. 잠시 뒤에는 상인 아저씨가 내게 이렇게 덧붙였다.

"도시는 지금 자고 있어도, 인천은 여기서 깨어 있는 거야. 이 시간에 움직여야 아침에 사람들이 국 끓여 먹지. 저 형 같은 사람들, 다른 데서 다들 여기로 오는 거야. 먹고살 데 찾다가."

비릿한 냄새가 가득한 새벽 공기 속에서, 나는 인천이라는 도시가 낮에만 존재하는 게 아니라는 걸 처음 알았다.

어디서 태어났는지, 사투리를 쓰는지 안 쓰는지 따지지 않고, 밤새 일하는 손들 사이에 그냥 하나 더 보태지면 그걸로 되는 곳. 쉬는 시간에 그 전라도 형이 담배 한 개비를 건네며 말했다.

"나 여기 한 3년만 일하고 돈 좀 모으면, 아예 인천에 눌러앉을라 그래요. 고향 친구들은 다 서울만 쳐다보는데, 나는 인천이 좋더라구요. 여긴 '남의 도시'라는 느낌이 별로 없어요."

그 말이 묘하게 마음에 박혔다. 그날 이후로 인천 거리를 걸을 때, 나는 간판만 보는 게 아니라 사람들의 얼굴을 보기 시작했다. 내가 태어나 익숙한 도시였지만, 누군가에게는 처음 선택한 무대이자, 새 인생을 걸어보는 자리라는 것을 그때 처음 느꼈다. 몇십 년이 지나 내가 시의장으로 앉아 있을 때, 바로 그 어시장이 다시 내 앞에 과제로 올라왔다. 재개발과 현대화 사업을 두고 상인들과 시청, 주민들의 의견이 정면으로 부딪치던 시기였다. 공무원들이 가져온 보고서에는 **'물류 효율'**, **'동선 정비'**, **'위생 기준'** 같은 말이 빼곡했다. 숫자로만 보면 분명 더 좋고, 더 깨끗하고, 더 안전해지는 게 맞았다.

그런데 회의실에서 도면을 들여다보다가, 문득 스물 세살 새벽의 장면이 통째로 떠올랐다. 얼음 깨는 소리, 박스를 끌던 내 손, 그리고 **"여긴 남의 도시 같지가 않다"**고 말하던 그 형의 웃음. 그래서 나는 회의만으로 결론을 내리기를 멈추었다. 한겨울 새벽, 다시 어시장으로 나갔다. 예전처럼 하늘은 어두웠고, 시장 안은 여전히 뜨거웠다. 그 사이 세월이 많이 흐른 탓에 그때 그 형이 누구였는지는 알 수 없었지만, 여기저기서 또 다른 말투들이 들려왔다.

충청도 사투리, 경상도 억양, 강원도에서 내려온 노점 상인의 목소리까지.

"의장님, 저희 고향은 다 따로 있어도, 지금 사는 동네 적어낼 때는 다 인천 사람입니다."

한 상인이 웃으며 그렇게 말했을 때, 나는 그 말을 단순한 인사로 듣지 않았다. 새벽 어시장은 그저 물건이 오가는 곳이 아니라, 전국에서 건너온 사람들이 **'인천 주민'**으로 다시 태어나는 곳이기도 했다. 그날 이후 나는 이 시장 문제를 단순한 시설 개선 사업으로 볼 수 없었다. 도로 폭과 위생 설비만이 아니라, 이곳에서 새벽을 여는 사람들의 시간, 각자 다른 고향을 품고도 **'인천'**이라는 이름으로 살아가는 삶의 무게까지 생각해야 한다고 느꼈다. 나중에 의회 본회의장에서 관련 예산과 조례를 설명하면서 나는 이렇게 말했다.

"이 시장은 단순한 상업 시설이 아니라, 대한민국 여러 지역에서 온 사람들이 새벽을 함께 여는 인천의 심장입니다. 이 심장을 지켜내는 방식이, 인천이 어떤 도시인지 보여줄 것입니다."

아마 누구도 내가 스물 세살 때 이 시장에서 얼음을 깨며, 전라도에서 막 올라온 청년과 같은 장화 소리를 내며 뛰어다녔다는 사실은 모를 것이다. 하지만 그때의 기억은 지금도 내 의정활동 안쪽에서 조용히 기준점이 되어 준다.

인천은 원래부터 **"여러 지역 사람이 모여 사는 도시"**였고, 그 새벽의 어시장은 그 사실을 가장 솔직하게 보여주던 장소였다. 그곳에서 나는 일찍 깨달았다.

바로 이 다양성과 포용의 문화가 앞으로 인천이 나아갈 가장 큰 힘이라고 믿는다. 동질성이 낮다는 것은 분명 불편함과 갈등을 동반할 수 있지만, 다르게 보면 새로운 시대가 요구하는 가장 중요한 자산이다. 다양한 배경을 받아들이는 도시는 변화에 강하고, 서로 다른 경험이 한곳에 모이는 도시는 더 창의적이며, 새로운 사람들이 정착할 수 있는 도시는 더 넓은 미래를 가진다.

인천은 그런 도시다.

과거의 경계를 넘어 서로를 품어온 도시, 서로 다른 배경을 가진 사람들이 같은 미래를 꿈꿀 수 있는 도시이다.

그리고 나 역시 이 도시 한가운데서 수많은 사람들과 연결되고, 매일 조금씩 다른 인천을 다시 배우고 있다.

오늘의 인천은 단지 **"사람이 섞여 사는 도시"**가 아니다.

다양성을 품어내며 성장하는 대한민국의 축소판, 새로운 시대의 공동체를 실험하는 거대한 생활 실험실 같은 도시다. 이곳에서 나는 인천의 내일을 바라보며, 인천을 살아가는 사람들과 함께 다음 세대의 인천, 그 다음 시대의 인천을 만들어가고 있다.

[인천광역시청]

인천의 미래

더 큰 바다를 향한 도시의 상상력

제 2의 도시 인천

인천의 GRDP는 2023년 기준 약 117조 원이다. 특·광역시 가운데 서울 다음, 사실상 대한민국 제 2의 경제 규모를 가진 도시다. 성장률로 보아도 2년 연속 전국 1위, 운수업과 제조업이 그 성장을 끌어올렸다. 그래서 사람들은 말한다. 이 정도면 **"제 2의 도시 인천"**이라고 불려도 되는 것 아니냐고 말이다.

나는 이 표현이 반은 맞고, 반은 부족하다고 느낀다. **'제 2의 도시'**라는 말 속에는 여전히 **"서울 다음"**이라는 그림자가 따라붙는다. 그러나 지금 인천이 서 있는 자리는 단순히 순위 경쟁의 결과가 아니다. 서울의 뒤를 쫓는 도시가 아니라, 수도권과 국가 전체의 구조를 함께 떠받치는 **"또 하나의 축"**이 되어야 한다고 나는 생각한다.

서울에서 인천을 향해 내려오는 길을 떠올려본다. 지하철과 고속도로, 공항철도와 KTX, 항만과 공항, 산업단지와 주거지, 관광지와 원도심이 하나의 끈처럼 연결되어 있다. 서울이 행정·정치의 수도라면, 인천은 생활과 산업, 물류와 이동이 실제로 돌아가는 거대한 엔진에 가깝다. 제 2의 도시 인천이라는 말이 진짜 의미를 가지려면, **"서울이 막히면 인천이 대신한다"**가 아니라 "대한민국 구조 자체가 인천을 중심으로 재편된다"는 수준까지 가야 한다.

나는 시의장으로서 이 구조를 더 분명하게 만들고 싶다. 주거와 일자리가 함께 있는 도시, 산업과 문화가 섞인 도시, 서울에 기대지 않고도 충분히 살아갈 수 있는 **"완결된 생활권 도시"**로 인천을 키우는 것이다. 그것이 내가 생각하는 제 2의 도시 인천의 진짜 의미다.

경제 수도

'경제 수도'라는 말은 한때 시정 비전으로도 쓰였다. 이 표현을 입에 담으면, 나는 항상 같은 질문을 떠올린다.

"경제 수도라면, 인천 시민의 먹고사는 문제를 어디까지 책임질 수 있어야 하는가."

인천에는 이미 그 조건이 상당 부분 갖춰져 있다. 인천항은 수도권 배후를 품은 컨테이너 항만으로, 국내 컨테이너 처리 기준 상위권에 올라있다. 바다로는 인천항, 하늘로는 인천국제공항이 있다. 인천공항은 국제 여객·화물 부문에서 세계 상위권 허브 공항으로 평가받고 있고, 서비스 평가에서는 12년 연속 1위를 기록했다.

수출입 물류의 상당 부분이 인천을 통과하고, 경제자유구역(IFEZ)에는 글로벌 기업과 연구소, 스타트업이 모여 있다.

인천시는 IFEZ 2040 비전에서 **"세계 10대 도시 수준의 글로벌 경제거점"**을 목표로 내걸고 있다. 이 모든 것을 한 줄로 요약하면 이렇다.

"인천은 이미 국가 경제의 순환을 책임지는 실질적인 축이다."

그러나 나는 여기에서 한 발 더 나가고 싶다.

[인천스타트업파크+전경 사진출처_인천경제청]

[청라 하나금융타운 사진출처_인천경제청]

진짜 경제 수도라면, 항만과 공항의 통계를 넘어, 시민들이 체감하는 일자리·소득·주거·교육·돌봄까지 함께 책임지는 도시가 되어야 한다. 그래서 인천이 지금 추진하는 **'첨단산업 벨트'**와 **'글로벌 톱텐 시티 인천 전략'**은 단순한 개발계획이 아니다.

인천시는 반도체·바이오·미래 모빌리티·디지털·에너지 등 5대 전략산업을 키우고, 39조 원이 넘는 생산 유발 효과를 목표로 하고 있다.

이 숫자들은 결국 **"청년들이 떠나지 않아도 되는 도시", "아이를 키우면서도 일할 수 있는 도시"**를 만들겠다는 약속과 연결되어야 한다. 경제 수도 인천은 재정 규모나 물동량보다, **"여기서 살아보니 진짜 먹고살 만하다"**는 한 시민의 말 한마디로 완성된다고 나는 믿는다.

글로벌 톱텐 시티

처음 이 표현을 들었을 때, 솔직히 말하면 조금 과장처럼 느껴졌다. 도쿄, 뉴욕, 런던, 파리, 상하이 같은 도시들과 어깨를 나란히 하겠다는 말이니까. 그런데 인천의 지금 위치를 차분히 들여다보면, 이 표현이 전혀 허황된 구호만은 아니다. 송도국제도시는 녹색기후기금(GCF) 사무국을 품고 있고, 글로벌 환경 · 기후 회의와 바이오 · 디지털 국제 컨퍼런스들이 잇따라 열린다.

인천시는 2025년 **'유엔 글로벌 지속가능발전 도시상'을 국내 최초로 수상했다. APEC 회의, 아시아 생명공학 대회,** 세계한인경제인대회 같은 국제 행사를 거뜬히 치러낼 만큼 도시 인프라와 운영 역량도 이미 검증되었다.

IFEZ 2040 비전은 **"글로벌 TOP 10 CITY 수준의 경제도시"**를 목표로 삼고, 디지털 전환, 그린 전환, 혁신 생태계, 글로벌

[녹색기후기금 이입주한 송도G 타워 사진출처_인천경제청]

네트워크를 종합적으로 강화하겠다고 밝히고 있다. 나는 이 지점을 중요하게 본다.

글로벌 탑텐 시티라는 말은 **"세계 10위 안에 들겠다"**는 순위 경쟁이 아니라, **"도시 운영의 기준 자체를 세계 상위 10개 도시 수준으로 끌어올리겠다"**는 선언에 가깝다고 느낀다.

그 기준은 결국 세 가지다.

경쟁력	일자리가 얼마나 창출되는가, 혁신기업과 인재가 모여드는가.
살기 좋은 도시	주거, 교통, 교육, 복지, 안전이 어느 수준까지 뒷받침되는가.
지속가능성	기후 · 환경 · 포용성 · 시민 참여에서 어느 정도의 균형을 이루는가.

[송도국제도시 사진출처_인천경제청]

인천이 이미 갖고 있는 강점, 예를 들면 항만과 공항, 경제자유구역, 섬과 바다, 다양한 문화와 인구 구조는 이 세 가지 기준을 동시에 끌어올릴 수 있는 자산이다. 내가 시의장으로서 고민하는 것은 이 자산들을 **"연결"**하는 일이다.

공항과 항만이 기업만의 통로가 아니라 시민의 일자리와 문화로 이어지게 하는 것, 국제회의가 단지 행사로 끝나지 않고 인천 청년들의 기회와 지역 기업의 성장으로 이어지게 하는 것, 환경 · 기후 어젠다가 규제가 아니라 새로운 산업과 일자리로 전환되게 하는 것이다. 그렇게 할 수 있다면, 글로벌 탑텐 시티는 더 이상 시정 브리핑 속 PPT 문구가 아니라, 인천 시민이 일상에서 체감하는 **"살아 있는 도시의 표준"**이 될 것이다.

인천경제자유구역청 _ 미래 100년의 엔진

[송도 컨벤시아 사진출처_인천경제청]

인천경제자유구역청(IFEZ)은 인천의 미래를 단순한 개발 차원을 넘어 국가 전략도시의 모델로 바꾸고 있는 기관이다. 송도 · 청라 · 영종이라는 세 축을 통해 세계가 주목하는 새로운 도시 실험을 실행 중이다.

송도, 글로벌 바이오와 국제도시의 중심

송도는 이제 단순한 신도시가 아니라 세계 바이오 생산의 허브로 자리 잡았다. 글로벌 기업들의 대규모 생산시설, 국제기구(GCF)를 비롯한 다국적 기관, 첨단 연구 인프라가 집중돼 있다. 국제회의와 글로벌 환경 · 기후 행사들이 연이어 열리며, 대한민국이 세계와 소통하는 플랫폼의 역할을 해내고 있다.

청라, 미래 금융 · 로봇 · 모빌리티의 실험장

청라는 국제금융단지와 함께 로봇 · 모빌리티 · AI 기반 산업이 결합되는 혁신지대를 지향하고 있다. 금융 인프라와 제조기술, 스타트업 생태계가 한 공간에 모이며 새로운 산업 배치를 시험하는 도시 역할을 하고 있다.

영종, 공항경제권의 관문

영종은 인천공항을 중심으로 항공 · 물류 · 관광 · MRO 산업이 동시에 작동하는 거대한 공항경제권을 구축 중이다. 공항은 단순한 이동수단을 넘어서 미래 항공산업과 글로벌 물류의 심장부 역할을 맡고 있다.

[청라 로봇랜드 사진출처_인천경제청]

IFEZ가 만드는 미래

IFEZ는 단순한 지역개발 기관이 아니다.

인천을 동북아 경제 네트워크의 중심 도시로 재편하는 전략적 엔진이다.

스마트시티, 친환경 에너지, 자율주행 인프라, 글로벌 인재의 집적, 시민 중심의 도시서비스까지 모든 혁신이 이곳에서 실험되고 확산된다. 인천이 **'글로벌 탑텐 시티'**를 목표로 말할 수 있는 근거도 결국 IFEZ가 만들어온 축적된 역량에서 나온다.

왜 인천이 좋은 동네인가

도시를 평가하는 지표는 많다. GRDP, 물동량, 여객 수, 공장 수, 벤처 기업 수, 재정 자립도 등이다.

하지만 정작 **"인천이 왜 좋은 동네냐"**는 질문에는, 숫자보다 다른 것들이 먼저 떠오른다.

하나는 다양성이다. 전국에서 모여든 사람들이 이 도시에서 새 삶을 시작한다. 실향민의 기억을 품은 동네, 산업화 세대가 땀을 흘린 공단, 신도시로 이주한 젊은 부부들, 외국인 노동자와 다문화 가정의 아이들까지 다양하다.

인천은 누군가의 **"원래 고향"**이라기보다, **"새로운 고향"**이 되어주는 도시다. 누군가는 이 점을 두고 **"애향심이 약하다"**고 말할지 모른다. 그러나 나는 이 지점을 인천의 가장 큰 강점으로 본다. 배경이 다르고, 말투가 다르고, 살아온 길이 다른 사람들이 같은 도시 이름을 주소에 적고 살아가는 경험.

이것이야말로 앞으로의 시대가 요구하는 도시의 힘이다.

다른 하나는 확장성이다. 인천은 이미 제 2의 도시이면서도, 여전히 성장 여지가 많다. 송도 · 영종 · 청라를 비롯한 경제자유구역, 해양 · 관광 · 바이오 · 디지털 산업의 여지, 강화 · 옹진의 생태 · 역사 자원까지 생각하면, 이 도시의 지도는 아직 완성되지 않았다.

나는 이 미완성의 감각이 좋다. 이미 완성된 도시에는 상상력이 들어갈 틈이 없다. 인천에는 아직 **"할 수 있는 일"**, **"해야 할 일"**이 너무 많다. 그만큼 이 도시에는 젊은 세대의 아이디어와 도전이 들어설 자리가 남아 있다는 뜻이다.

시의장으로서 내가 그리는 인천의 내일

나는 오랜 시간 인천에서 살아오며 이 도시의 가능성을 믿게 되었다. 누군가는 인천을 **'곳곳이 섞인 도시'**라고 말하지만, 나는 인천이야말로 다양성이 도시 전체를 움직이는 원동력이라고 느낀다. 서로 다른 사람들이 만들어내는 상상력, 서로 다른 산업이 만들어내는 혁신, 서로 다른 문화가 만들어내는 울림이 모든 것이 하나로 모일 때, 인천의 미래는 그 어떤 도시보다 풍요롭고 강인해질 것이다. 그래서 나는 인천의 내일을 이렇게 상상한다.

새로운 사람들이 찾아오고, 서로 다른 생각이 만나고, 도시의 역사와 자연이 공존하며, 모두가 존중받는 공동체가 되는 곳.

해가 질 때 바다를 바라보며 오늘을 정리하고, 해가 뜰 때 새로운 희망을 품는 도시, 누구에게나 열린 도시이지만, 누구에게도 흔들리지 않는 중심을 가진 도시이다.

[인천의 미래 비전을 제시하는 제물포르네상스 마스터플랜]

그런 도시가 바로 앞으로의 인천이어야 한다. 내가 살아온 이 도시, 나를 키운 이 도시가**"대한민국의 미래가 머무는 도시, 인천"**으로 우뚝 서는 날을 나는 마음 깊이 그려본다.

인천이 곧 대한민국이다

바다는 세계의 문을 열어두고, 하늘길은 대륙과 대양을 잇고 있다.

도시는 늘 움직이고, 산업은 쉼 없이 진화하며, 경제자유구역은 미래 기술과 글로벌 기업이 뒤섞이는 거대한 실험장이 되고 있다. 인천은 더 이상 대한민국의 **'입구'**나 **'관문'**으로만 불릴 수 없다. 인천이 만들어가는 변화와 속도, 혁신의 방향은 이미 국가의 미래를 앞서 밝히고 있다.

대한민국의 수출과 물류가 인천에서 흐르고, 대한민국의 기술과 산업이 인천에서 진화하고, 대한민국의 사람과 문화가 인천에서 만나고 섞인다.

그래서 나는 확신한다.

인천이 움직이면 대한민국이 움직인다.

인천이 도약하면 대한민국이 도약한다.

이 도시는 단순히 수도권의 한 편에 놓인 도시가 아니다.

대한민국의 경제를 견인하는 엔진이고,

대한민국의 미래 산업을 설계하는 두뇌이며,

대한민국의 다양성과 가능성을 품는 새로운 중심이다.

인천의 변화는 대한민국의 변화를 의미하고,

인천의 성공은 대한민국의 성공을 뜻한다.

이 도시가 만들어내는 속도와 에너지는 지금 이 순간에도

국가의 미래를 더 넓은 바다로 이끌고 있다.

그래서 나는 주저 없이 이렇게 말하고 싶다.

"인천이 곧 대한민국이다."

나란 사람

저의 정치 인생을 지탱해 온 가장 큰 원칙은 **"조국을 지키겠다는 아버지의 뜻을 이어받아, 조국을 발전시키겠다"**라는 다짐이었습니다. 해병대 출신 아버지의 영향은 제 삶의 기초가 되었고, 아버지께서는 늘 **"우리가 직접 나라를 지켜야 한다"**라고 말씀하셨습니다. 그 신념은 제게도 자연스레 스며들었고, 저는 해병대에 자원했습니다. 이어 제 두 아들도 같은 길을 걸으며 우리 가족은 3대가 모두 해병대에서 병역 의무를 마친 **'병역명문가'**가 되었습니다.

아버지께서는 생의 끝까지 해병대에 대한 자부심을 품고 계셨습니다. 제가 인천시의회 의장으로 선출된 모습을 보셨다면 누구보다 기뻐하셨을 것입니다. 그러나 안타깝게도 구의원 선거 유세 기간 중 아버지를 여의게 되었습니다. 그때 어머니께서는 끝까지 유세를 마칠 수 있도록 제게 소식을 숨기셨고, 그 순간은 제 인생에서 잊을 수 없는 기억으로 남았습니다.

정치인 정해권을 움직이는 원동력은 해병대에서 배운 강인한 정신력과 아버지로부터 물려받은 책임감입니다. 어려운 상황에 직면하면 피하지 않고 마주하며, 해병대 시절 가르침대로 **"어려움은 극복의 대상"**이라는 말을 늘 마음에 새겨왔습니다. 정치의 길에서도 문제가 생기면 반드시 해답을 찾고자 노력해왔습니다.

저는 정치를 시민의 삶을 나아지게 하는 수단이라 믿습니다.

인천이라는 도시가 **"떠나고 싶지 않은 도시, 잘사는 도시"**가

되기를 진심으로 바라고 있습니다. 인천에서 태어나고 자라 살아 온 사람으로서, 제 고장을 누구보다 소중히 생각해왔습니다.

300만 시민이 살고 있는 인천광역시에서 초선 의원으로 의장에 오르고, 이어 전국시도의장협의회 사무총장으로 선출될수 있었던 것은 저 개인의 영광을 넘어 제 가문에도 큰 영예였습니다. 앞으로 언젠가 제 자식들과 손주들이 저를 자랑스러운 사람으로 기억해주기를 바랍니다. 남은 생은 가족과 화목하게 지내며 지난 세월의 고생과 추억을 도란도란 나누고 싶습니다. 동시에 정치인으로서 후배들에게 부끄럽지 않은 선배, 여야와 이념을 넘어 욕먹지 않는 선배로 남고 싶습니다.

저의 정치적 좌우명은 한마디로 **"헌신과 책임, 그리고 끝까지 지켜내는 힘"**이라 할 수 있습니다. 그것이 곧 아버지께서 물려주신 신념이고, 제가 시민들과 맺은 약속을 이어가는 방식입니다.

법학논총 제 32권 제 1호(2025) 수록

지방의회의 권한 및 독립성 강화를 위한 지방의회법 제정 방안 연구

2025년

인하대학교대학원 행정학과 박사과정

정 해 권

국 문 초 록

본 연구는 지방의회의 권한 확대 및 독립성 강화를 위한 「지방의회법」 제정의 필요성과 실현 방안을 다각도로 분석함으로써, 지방의회의 제도적 기반을 공고히 하고 지방자치의 실질적 발전을 도모하는 것을 목적으로 한다. 지방자치는 민주주의의 근간이자 주민 삶에 밀접한 핵심 거버넌스 체계로 기능하지만, 지방의회는 여전히 기능과 역할 면에서 제한적이며, 제도적 · 재정적으로 행정부에 종속된 구조를 벗어나지 못하고 있다. 특히 조직, 인사, 예산 측면에서 실질적 독립성이 확보되지 못하고 있으며, 사무기구의 자율성, 인사권의 실효성, 정책지원 인력의 역할과 규모, 예산 편성의 주도권 등에서 구조적 한계가 지속되고 있다. 이에 따라 지방의회의 위상을 제고하고, 독립된 정책결정 주체로서의 기능을 수행하기 위한 별도의 「지방의회법」 제정이 절실히 요구된다.

우선, 지방의회법 제정의 시대적 · 정책적 배경을 고찰하고, 그 제정 방향을 ⅰ)의회 운영의 자율성 확대 ⅱ)지방의원 전문성 제고 ⅲ)정책지원 조직의 제도화 ⅳ)윤리성과 책임성 확보로 정립하였다. 또한 기존에 발의된 법안들을 비교 분석하고, ⅰ)인사권 독립 ⅱ)예산편성권 보장 ⅲ)의회 운영의 자율화 등 핵심 입법 과제를 도출하였다. 아울러 법 제정 실현을 위한 전략으로는 중앙정부와의 협력체계 구축, 국회의 입법 발의, 중앙지방협력회의를 통한 협치 기반 조성, 공청회 및 의견수렴 절차를 통한 공감대 형성 등을 제시하였다. 이러한 분석을 통해 지방의회의 실질적 권한 확보는 단순한 제도 개선을 넘어 자치분권의 본질적 완성을 위한 핵심 과제로 부각되며, 향후 「지방의회법」 제정을 위한 학문적 기초와 정책적 시사점을 제공할 수 있을 것이다.

[목 차]

Ⅰ. 서 론

우리나라의 법체계는 지방의회의 조직, 권한 및 운영과 관련된 사항을 기본적으로 법률을 통해 규율하고 있으며, 이러한 법적 구조는 지방의회의 기능 수행에 있어 중요한 틀을 제공하는 역할을 한다. 그러나 현행 「지방자치법」을 비롯한 관련 법령이 지방의회의 조직과 운영에 관한 기본적인 사항만을 규정하고 있어, 지방의회의 기능 강화 및 역할 수행에 있어 일정한 한계를 내포하고 있다. 따라서 지방의회가 지역 주민을 대표하는 기구로서 본연의 역할을 효과적으로 수행하기 위해서는, 기존 법령을 종합적으로 보완하고, 혁신적인 제도적 장치를 도입하는 방향으로 제도 개선이 이루어질 필요가 있다.

지방의회의 운영 체계를 보다 발전적으로 정립하기 위해서는, 중앙정부의 법적 통제와 제약을 점진적으로 완화하고, 지방의회 및 지방의원이 보다 자율적인 권한을 행사할 수 있도록 제도적 기반을 마련하는 것이 바람직하다. 이는 지방의회가 중앙정부의 직접적인 관리 · 감독을 받기보다는, 지역 주민들의 평가와 모니터링을 기반으로 책임감 있는 의정활동을 수행할 수 있도록 하는 것이 합리적이라는 점에서 더욱 강조될 필요가 있다. 즉, 지방의회의 의정활동에 대한 궁극적인 감시와 관리 역할은 중앙정부가 아니라, 지역의 의사결정권을 부여받은 주민들에게 부여하는 것이 타당하다는 시각에서 제도 개선이 이루어져야 한다.

이러한 맥락에서, 현재 지방자치단체의 집행기관인 지자체장에게 과도하게 집중된 권한 구조를 조정하고, 지방자치행정의 집행 기능 내에서 권한 분산화를 모색할 필요성이 제기된다. 지방의회의 기능적 역할을 강화하는 것은 지방자치의 실질적 운영에 있어 필수적이며, 이를 통해 지방의회가 지역 주민의 대표기관으로서 더욱 독립적이고 신뢰받는 기구로 자리매김할 수 있도록 해야 한다. 따라서 지방의회의 권한을 다방면으로 확대하는 한편, 각 지방의회의 규모와 특성을 고려한 조직 운영의 자율성을 증진할 수 있는 방안을 적극적으로 모색해야 한다.

이와 관련하여, 지방의회의 독립성과 효율성을 확보하기 위한 법적 체계를 보다 정교하게 구축할 필요가 있으며, 이를 위해「지방의회법」을 별도로 제정하는 방안이 중요한 대안으로 검토될 수 있다.「지방의회법」의 제정을 통해 지방의회의 다양성을 존중하는 한편, 지방의회가 독립적이고 자율적으로 운영될 수 있도록 법적 프레임워크를 마련함으로써, 궁극적으로 지방의회의 기능과 위상을 강화하는 방향으로 나아가야 한다. 이러한 법제화는 지방의회의 역할을 중앙정부의 보조적 기구에서 벗어나, 실질적인 지역의 의사결정 기관으로 자리 잡게 하는 데 기여할 것이다. 따라서 향후 지방의회 운영의 발전적 방향성을 설정하는 과정에서는, 지방의회의 자율성과 책임성을 동시에 강화하는 제도적 접근이 필요하며, 이를 위해 지방의회의 조직 · 권한 · 운영에 관한 법적 기반을 보다 체계적으로 정비하는 것이 필수적이다. 즉,「지방의회법」의 제정을 통해 지방의회의 독립성과 효율성을 보장하는 제도적 장치를 마련함으로써, 지방의회가 지역 주민들의 기대에 부응하는 실질적인 대표기관으로서 역할을 수행할 수 있도록 해야 할 것이다[1).

II. 지방의회법 제정의 필요성과 배경

1. 지방정부에 대하여 최소한으로 규정된 헌법의 한계

우리나라 지방자치제는 제헌 헌법에서부터 국가 운영의 기본 원리로 규정되어 왔으나, 제헌 헌법 이후 현행 제9차 개정헌법에 이르기까지 지방자치에 관한 헌법적 규정은 거의 변화가 없었다.

이러한 정체성으로 인해 지방자치제도 또한 지난 30여 년 동안 큰 변

1) 문상덕, "지방의회제도의 문제점과 발전방안",「행정법연구」제34호, 한국행정법연구소, 2012년 12월, 256~257면.

화를 겪지 못한 채 유지되어 왔다. 오히려 현재의 지방자치제는 중앙집권적 통치구조 내에서 지방정부의 독립성과 자율성을 보장하기보다 중앙정부의 정책 집행을 보조하는 역할로 축소되었으며, 실질적 주민자치의 기능이 약화되었다. 이로 인해 지방자치는 형식적으로 존재할 뿐, 지방정부가 독립적으로 수행할 수 있는 역할은 극히 제한적인 수준에 머물러 있다. 지방의회가 본격적으로 출범한 지 30년이 지났음에도 불구하고, 현행 지방자치제도는 여전히 중앙정부의 지휘와 통제를 받도록 설계되어 있으며, 이러한 구조는 중앙 정치권의 암묵적 동의하에 유지되고 있다. 특히 관(官) 중심의 행정체계로 인해 지방자치단체의 권한이 주민이 아닌 단체장에게 집중되는 현상이 지속되고 있다.

이러한 구조적 문제는 지방자치가 실질적으로 운영되기 어려운 환경을 조성하며, 지방정부의 자율성과 독립성을 저해하는 주요 요인으로 작용하고 있다[2].

현행 헌법이 지방자치제도를 최소한의 수준에서 규정하고 있다는 점은 오랜 기간 논의되어 온 문제이다. 헌법 제8장이 단 두 개의 조문(제117조, 제118조)으로 구성[3]되어 있어 지방자치의 핵심 원리인 공간적 권력분립을 충분히 반영하지 못하고 있다.

이는 헌법 전반의 구조 속에서 지방자치가 중앙집권적 통치구조를 보완하는 부차적인 요소로 간주되었음을 시사한다. 또한, 지방자치단체의 종류 및 조직과 관련된 사항이 헌법에 명확히 규정되지 않고 법률에 위임됨으로써 지방자치제도의 안정성이 헌법적으로 보장되지 않는 문제도 존재한다. 이는 지방자치가 정치적 환경에 따라 유동적으로 변화할 가능

---

2) 성중탁, "지방분권강화를 위한 가칭'지방의회법'제정 방향",「공법학연구」제24권 제1호, 한국비교공법학회, 2023년, 97면.

3) 「헌법」제117조 ① 지방자치단체는 주민의 복리에 관한 사무를 처리하고 재산을 관리하며, 법령의 범위 안에서 자치에 관한 규정을 제정할 수 있다. ② 지방자치단체의 종류는 법률로 정한다. 「헌법」제118조 ① 지방자치단체에 의회를 둔다. ② 지방의회의 조직 · 권한 · 의원선거와 지방자치단체의 장의 선임방법 기타 지방자치단체의 조직과 운영에 관한 사항은 법률로 정한다.

성을 내포하며, 지방정부의 독립성과 지속성을 저해하는 요인으로 작용하고 있다[4].

2. 지방자치법 전부개정을 통한 지방의회 위상 강화

(1) 지방자치법 전부개정의 의의

우리나라의 지방자치법은 1949년 7월 4일에 제정된 이후, 정치적·경제적 환경 변화에 따라 지속적으로 진화를 거듭해왔다. 이 법은 총 3차례의 전면 개정과 41회에 걸친 부분 개정, 그리고 타 법률 개정에 따른 28회의 용어 및 절차 관련 조문 개정을 겪으며 변화를 이어왔다[5].

이러한 개정 과정은 지방자치의 실질적 운영과 발전에 중요한 영향을 미쳤으며, 특히 2022년 1월 1일 발효된 지방자치법의 전부개정은 지방자치의 질적, 양적 발전을 위한 중요한 전환점을 의미한다. 개정된 지방자치법은 기존의 175개 조항에서 211개 조항으로 늘어났으며, 이는 규정의 양적 증가에 그치지 않고 제도의 실질적 개선과 고도화가 이루어졌음을 보여준다.

전부개정된 법은 지방자치의 새로운 패러다임을 제시하며[6],민선 지방자치를 본격적으로 실시하는 기반이 된 1988년 전부개정 이후 32년 만에 이루어낸 성과로서, 시민의식의 성장과 주민참여 욕구의 증대, 인구감소로 인한 지역소멸 위기 등 그간의 행정환경 변화에 대응하고, 낡은 지방자치 시스템을 새롭게 변화시키기 위해 추진된 것이다[7].

4) (사)한국헌법학회, 「지방분권형 헌법개정안 연구」, 전국시도지사협의회, 2015년 9월, 6면.

5) 법제처 국가법령정보시스템, http://law.go.kr, 2025년.

6) 김순은, "전부개정된 지방자치법의 시행, 의의와 발전방향",「월간 공공정책」제195권, 한국주민자치학회, 2025년 1월, 15~17면.

7) 행정안전부 보도자료, 지방자치법 32년 만에 전부개정, 자치분권 확대 기틀 마련 –지방차치법 전부 개정안 2020년 12월 9일(수) 본회의 의결.

이번 지방자치법의 전면 개정은 다각적인 측면에서 의의를 지니며, 그 핵심적 내용을 종합해보면 다음과 같은 세 가지 방향으로 요약할 수 있다. 첫째, 시민 참여의 실질적 확대를 통해 주민이 주도하는 지방자치의 실현 기반을 마련하고자 하였으며, 둘째, 지방의회의 자율성과 전문성을 강화함과 동시에 책임성과 투명성을 제고하고자 하였다. 셋째, 지방자치단체의 행정 효율성을 증진시켜 지역 행정 전반의 질적 향상을 도모하고자 한 점에서 큰 의미를 갖는다.

특히 이번 개정안은 주민 중심의 지방자치를 구현하는 한편, 지방자치단체의 자율성과 독립성을 보다 강화하고, 그에 상응하는 투명성과 책임성을 제도적으로 확보하고자 하였다. 구체적으로는, 지방자치단체가 지역 실정에 맞는 다양한 조직구조를 설계할 수 있도록 제도적 기반을 마련하고, 주민을 대상으로 하는 정보공개의 의무를 명확히 하였으며, 감사청구 제도의 실효성을 높이기 위한 개선 방안을 포함하였다.

또한 중앙정부와 지방정부 간의 협력적 거버넌스를 구축하기 위한 중앙-지방 협력기구의 법적 근거를 신설하고, 특별지방자치단체의 설립 및 운영에 관한 법률적 토대를 마련함으로써 지방정부 간 연계와 협력의 제도화를 추구하였다. 아울러, 자치단체 간 관할구역의 경계조정 절차를 정비하고, 주민의 자치입법 참여권을 강화하기 위해 조례의 제정 · 개정 · 폐지 청구에 관한 규정을 현행 지방자치법에서 분리하여 별도의 법률로 제정하기로 함에 따라, 관련 조항들을 체계적으로 정비하였다. 이와 같은 내용은 지방자치의 이념에 부합하는 제도적 틀을 재구성하고, 실질적 주민자치를 실현하기 위한 법제도의 현대화를 의미하는 것으로서, 우리나라 지방자치 발전의 새로운 전기를 마련하는 데 중요한 계기로 평가될 수 있다[8].

---

8) 법제처 국가법령정보시스템, http://law.go.kr, 2025년.

(2) 전부 개정된 지방자치법 중 지방의회 관련 변화 내용[9)]

지방자치법 개정은 지방의회의 독립성과 전문성을 강화하고, 투명하고 책임 있는 의정활동을 보장하기 위한 다양한 제도적 개선 방안을 포함하고 있다. 주요 개정 사항은 다음과 같다.

먼저, 지방의회의 독립성을 강화하기 위한 조치로, 지방의회 사무직원의 임용권을 지방의회 의장에게 부여하였다[10)]. 기존에는 지방의회 의장의 추천에 따라 지방자치단체장이 의회 사무직원을 임명하였으나, 개정 이후에는 해당 인사권이 지방의회 의장에게 이관되었다. 이러한 인사권의 독립은 지방의회의 자율성과 독립성을 실질적으로 보장하기 위한 제도적 기반으로 평가된다. 더불어, 지방의회의 자치입법 활동, 예산 심의, 행정사무감사 등 주요 기능을 보다 체계적이고 전문적으로 지원하기 위해 '정책지원 전문인력' 제도를 새롭게 도입하였다[11)]. 이는 지방의회에 전문 인력을 배치함으로써 의정 활동의 전문성을 제고하려는 취지로, 지방의회의 역량 강화를 위한 중요한 제도적 진전이라 할 수 있다. 다음으로 주민의 정보 접근성을 제고하기 위해 정보 공개 제도를 강화하였다. 개정안은 지방의회의 의결 결과, 의정활동 내역, 지방정부의 조직 및 재정 상황 등 지방자치와 관련된 정보를 주민에게 선제적으로 공개하도록 규정하고 있다. 이를 실효적으로 운영하기 위해 정보공개시스템을 구축하여, 주민들이 지방자치 관련 정보를 보다 용이하게 접근할 수 있도록 하였다. 이러한 조치는 지방자치의 투명성을 강화하고 주민의 참여를 활성화하는 역할을 한다.

---

9) 고경훈, "지방자치법 개정에 따른 지방의회 제도변화", 「세계지방자치동향」제18호, 한국지방행정연구원, 2022년, 1~3면. 10) 「지방자치법」제103조(사무직원의 정원과 임면 등) ① 지방의회에 두는 사무직원의 수는 인건비 등 대통령령으로 정하는 기준에 따라 조례로 정한다. ② 지방의회의 의장은 지방의회 사무직원을 지휘 · 감독하고 법령과 조례 · 의회규칙으로 정하는 바에 따라 그 임면 · 교육 · 훈련 · 복무 · 징계 등에 관한 사항을 처리한다. 11) 「지방자치법」제41조(의원의 정책지원 전문인력) ① 지방의회의원의 의정활동을 지원하기 위하여 지방의회의원 정수의 2분의 1 범위에서 해당 지방자치단체의 조례로 정하는 바에 따라 지방의회에 정책지원 전문인력을 둘 수 있다.

또한, 지방의회의 윤리성과 책임성을 강화하기 위해 윤리특별위원회의 설치를 의무화 하였을 뿐만아니라 지방의원에 대한 징계 심의 과정에서 외부 의견을 반영할 수 있도록 민간위원으로 구성된 윤리심사자문위원회를 도입하였다. 이를 통해 지방의회의 자율적인 윤리 규범 준수를 유도하는 한편, '제 식구 감싸기'식의 징계를 방지하고 보다 엄정한 윤리 기준을 확립하였다.

끝으로 지방의원의 직무 수행과 관련한 이해충돌을 방지하기 위해 겸직금지 규정을 구체화하였다. 특히, 지방의원이 겸직을 허용받는 경우에도 겸직 내역을 의무적으로 공개하도록 하여 직무 관련 사적 이익 취득 가능성을 차단하였다. 이를 통해 지방의원의 공정성을 강화하고, 지방의회에 대한 주민의 신뢰를 제고하는 효과를 도모하였다.

(3) 전부 개정된 지방자치법의 한계점

지방자치법 개정은 지방의회의 독립성과 책임성을 강화하기 위한 다양한 제도적 보완을 포함하고 있으나, 이는 기존 제도의 근본적 변화라기보다는 기존 제도의 실효성을 제고하기 위한 수준에 그친다고 볼 수 있으며[12], 특히나 조직, 인사, 예산의 독립적인 권한 부여 측면에서는 그 한계가 명확하게 드러나고 있다. 지방의회의 자율성과 독립성을 강화하기 위한 조직 개편이 일부 이루어졌으나, 지방의회 사무기구의 운영 및 기능 측면에서 여전히 근본적인 한계가 존재한다. 지방의회 사무기구의 조직 운영권이 실질적으로 제한되어 있다. 지방의회 사무기구의 설치와 운영이 조례로 규정되지만, 조직의 규모와 역할이 지방정부(집행부)의 영향을 받을 가능성이 크다. 특히, 지방의회 사무기구의 확대 및 개편이 필요하더라도 예산권을 가진 집행부와의 협의가 필수적이므로, 지방의회가 독립적으로 조직을 운영하기 어렵다.

12) 홍준현, "2021년 전부개정 지방자치법은 자치분권2.0시대의 개막을 의미하는가?", 「한국지방자치학회보」제33권 제4호, 한국지방자치학회, 2021년, 18면.

정책지원 전문인력 제도가 도입되었으나, 의원 정수 50% 인력 배치로는 지자체별 규모에 따른 실질적인 지원 효과를 보장하기 어렵다.

지방의회의 자율성을 확대하기 위해 사무직원의 임용권을 지방의회 의장에게 부여하였으나, 인사권 독립이 실질적으로 작동하기 어려운 구조적 문제가 존재한다. 지방의회 사무직원에 대한 인사권이 독립적으로 행사되기 어려운 환경이 조성될 수 있다. 지방의회 사무직원은 여전히 지방자치단체 소속 공무원으로 분류되므로, 승진이나 보직 이동 등의 인사 문제에서 집행기관의 영향을 받을 가능성이 크다. 이에 따라 지방의회가 자체적으로 인사 운영을 계획하더라도, 집행부의 협조 없이는 실질적인 인사 독립을 보장하기 어렵다. 또한, 정책지원 전문인력의 신분 및 처우가 명확하지 않다. 정책지원 전문인력은 지방의원 개개인의 의정활동을 보조하는 역할을 하지만, 이들이 공무원 신분이 아닌 계약직 형태로 운영될 경우 지속적인 전문성을 확보하기 어렵다. 또한, 이들의 역할이 명확하게 규정되지 않으면 특정 의원의 정치적 활동을 지원하는 데 악용될 가능성도 존재한다.

지방의회의 운영과 관련된 예산 편성권이 지방정부(집행기관)에 집중되어 있어 지방의회의 실질적인 재정 자율성이 확보되지 않은 점이 가장 큰 한계로 지적된다. 지방의회의 예산 편성권이 제한적이다.

지방의회가 독립적인 운영을 위해서는 안정적인 재정 확보가 필수적이나, 현재 지방의회의 예산은 지방정부가 편성한 후 지방의회의 심의를 거쳐 확정되는 구조를 유지하고 있다. 이에 따라 지방의회가 필요로 하는 예산을 충분히 확보하지 못할 가능성이 크며, 지방정부와의 갈등이 발생할 경우 의정활동에 필요한 예산이 축소될 수도 있다.

정책지원 전문인력 및 사무기구 운영과 관련된 예산이 충분히 확보되지 않을 가능성이 존재한다. 지방의회의 전문성을 강화하기 위해 도입된 정책지원 전문인력 제도가 실질적으로 운영되기 위해서는 지속적인 재정 지원이 필수적이다.

그러나 지방자치법 개정 이후에도 이에 대한 재정적 지원이 불확실한 상황이며, 각 지방자치단체의 재정 여건에 따라 인력 채용 및 운영에 차이가 발생할 수 있다. 지방의회의 재정 운영 투명성이 확보되지 않은 경우, 예산 집행 과정에서 비효율이 발생할 가능성이 있다. 지방의회가 자체적으로 예산을 편성하고 집행할 수 있는 권한이 제한적인 상황에서, 불필요한 지출이 발생하거나 특정 사안에 대한 재정적 지원이 제대로 이루어지지 않을 수 있다. 이는 지방의회의 독립적인 의정활동을 저해하는 요인으로 작용할 수 있다.

30여년만에 전부 개정된 지방자치법은 지방의회에 실질적인 독립성과 효율적인 운영을 보장하기에는 여전히 한계가 존재한다. 지방의회 조직의 자율적 운영권 강화, 사무직원 및 정책지원 전문인력의 독립적 인사 체계 확립, 지방의회 예산 편성권 확대 등의 추가적인 제도적 보완이 필요하다.

(4) 선행연구 고찰

지방의회법 제정과 관련한 다양한 연구들은 지방분권 강화와 지방의회의 제도적 독립성 확보를 중심으로 그 방향성을 제시하고 있다. 문원식(2022)은 “지방분권 강화를 위한 지방의회법 제정 방안” 연구에서 지방의회의 권한과 의무, 의정활동의 자율성과 책임성을 중심으로 하여 「지방의회법」 제정안의 큰 틀을 구성하였다.

성중탁(2023)은 “지방분권강화를 위한 가칭 ‘지방의회법’ 제정 방향” 연구에서 자치입법권의 강화뿐 아니라, 지방의회 직원에 대한 독립적인 인사권과 예산편성권의 확보를 강조하였으며, 특히 조례 제정 등 입법역량 강화를 위해 변호사 자격자나 법학 전공의 석·박사 등을 정책지원 전문인력으로 채용할 필요성을 주장하였다. 고인석(2023)은 “지방의회법 제정을 통한 지방자치의 효율성 달성방안” 연구에서「헌법」과 「지방자치법」이 지방의회의 기능을 제약하고 있는 구조적 원인을 분석하고, 이를 극복하기 위한 법제도적 대안으로서 지방의회의 권한 확대 및 지방정부와의 견제와 균형 실현을 위한 개선 방안을 제시하였다.

세 연구는 모두 지방의회의 권한 강화와 제도적 독립을 통해 지방분권을 실현하고자 하는 공통된 문제의식을 공유하고 있다. 다만, 문원식은 제정안의 구조와 기본 틀에 초점을 맞춘 반면, 성중탁은 실질적 인력과 자원을 통한 역량 강화에 주안점을 두었고, 고인석은 헌법 및 상위법 체계 속에서의 구조적 개선 방안에 초점을 맞추었다는 점에서 접근 방식에 차이를 보인다.

본 연구는 이러한 선행연구들을 바탕으로 지방의회법 제정 필요성에 대한 다양한 문헌사례를 종합하여 고찰하였으며, 특히 지방의회법 제정 실현을 위한 전략적 접근 방안을 구체적으로 제시함으로써, 기존 연구들과는 달리 보다 실천적이고 실행 가능한 대안을 새롭게 모색했다는 점에서 그 의의를 찾을 수 있다.

Ⅲ. 지방의회법 제정의 기본 방향

1. 지방의회를 둘러싼 환경의 변화[13)]

행정안전부 산하 민간 자문기구인 '미래지향적 행정체제개편 자문위원회'(이하 미래위)는 2025년 1월 22일, 지방행정체제 전반에 대한 분석과 이를 바탕으로 한 개편 권고안을 발표하였다.

이 권고안은 현재의 지방행정체제가 인구와 경제가 팽창하던 시기에 설계되어, 인구 감소와 지역 불균형 심화 등 오늘날의 급변하는 행정환경 변화에 적절히 대응하지 못하고 있다는 문제의식을 바탕으로 마련된

13) 행정안전부 보도자료, 미래지향적 행정체제개편 자문위원회,「지방행정 체제개편 권고안」 발표, 2025년 1월 22일.

것이다. 미래위는 특히 현재의 지방행정체제가 대략 30년 전, 성장과 확장을 중심에 두고 형성된 틀 안에 머물러 있으며, 이로 인해 초광역적 행정 수요에 대한 대응 부족, 수도권과 비수도권 간의 격차 심화, 실제 행정수요와 행정구역 간의 괴리 등 다양한 문제가 지속되고 있다고 지적하였다.

이러한 인식 하에 미래위는 행정체제의 근본적인 재편을 통해 수도권 집중과 지방소멸이라는 이중의 과제를 동시에 완화하고, 인구 구조의 급격한 변화에 효과적으로 대응하며, 전국 어디에서나 국민이 일정 수준 이상의 삶의 질을 누릴 수 있도록 하는 것을 주요 목표로 설정하였다. 이에 따라 미래위는 지방행정체제의 개편을 단순한 행정구역 조정 차원이 아닌, 정책 집행의 기반이 되는 구조적 틀로 간주하고, 이를 전면적으로 재정비할 필요가 있음을 강조하였다.

미래위는 이러한 개편방안이 단지 행정구역의 조정이나 조직 개편에 머무르지 않고, 중앙정부의 균형발전 정책과 인구감소 대응전략이 실질적인 효과를 발휘할 수 있는 구조적 기반을 마련하는 일이라고 강조하였다. 즉, 지방행정체제는 정책이 구체적으로 실행되는 그릇이며, 이 그릇이 오래되고 낡은 틀을 유지한 채로는 어떠한 정책도 그 실효성을 담보할 수 없다는 것이다. 따라서 대한민국이 인구감소 시대와 지역 격차 확대라는 도전에 능동적으로 대응하고, 주민에게 지속 가능한 행정서비스를 제공하기 위해서는 지방행정체제의 구조적 개편이 필수적이라는 점에서, 지금이야말로 체제 전환을 위한 결정적인 시점이라는 판단을 내린 것이다.

지방행정체제가 처음으로 대대적인 개편 논의의 중심에 선 지 30여 년이 흐른 오늘, 우리 사회는 과거와는 전혀 다른 조건과 과제 앞에 서 있다. 인구구조의 급격한 변화, 지역 간 불균형의 심화, 기술 발전에 따른 행정수요의 다변화 등 복합적인 환경 속에서, 이러한 변화에 발맞춘 제도 개편 없이는 지속 가능한 지역사회 유지와 국가 전체의 균형 발전

또한 요원하다. 미래위의 권고는 이와 같은 문제의식에 대한 구체적인 대응 전략으로서, 향후 지방자치와 행정체제 개혁의 중요한 방향성을 제시하고 있다. 이는 단지 기술적인 행정 개편이 아니라, 미래 세대와 지역 주민 모두를 위한 새로운 거버넌스 체계를 정립하는 과정이라는 점에서 그 중요성이 더욱 크다.

이러한 거버넌스 체계의 재편이 효과를 거두기 위해서는, 행정체제뿐만 아니라 이를 민주적으로 견제하고 조율하는 정치적 장치인 지방의회 역시 그 기능과 역할을 함께 강화할 필요가 있다. 행정체제가 변화하고 자치단체의 권한과 기능이 재조정되는 상황에서, 이를 효과적으로 통제하고 조율할 수 있는 제도적 장치로서 지방의회의 역량은 그 어느 때보다 중요해지고 있다. 기존의 지방의회는 행정에 대한 감시와 견제에 주력해 왔지만, 이제는 정책 수립과 집행과정에서 보다 적극적이고 주도적인 역할을 수행해야 할 시점이다. 지역 주민의 다양해진 요구와 복잡한 사회문제에 대응하기 위해서는 지방의회가 단순한 의결기관을 넘어, 지역의제를 선도하고 자치단체와 협력하여 대안을 만들어가는 정책 파트너로 기능해야 한다. 따라서 지방의회에 대한 제도적 지원과 전문성 제고를 위한 체계적인 노력이 병행되지 않는다면, 지방행정체제 개편이 지향하는 바람직한 자치분권의 실현은 어려울 것이다.

2. 지방의회의 전략적 환경 분석

지방의회는 고학력 의원의 비중 증가에 따라 전문성이 향상되고 있으며, 입법, 예산 심의 · 의결, 행정 감시와 견제 등 헌법과 법률에 부여된 핵심 권한을 활용할 수 있는 제도적 기반을 갖추고 있다. 시민의 대표기관으로서 결의안, 건의안, 청원 등을 통해 주민의 의견을 대변하고, 홍보매체와 뉴미디어를 활용하여 시민과의 소통도 활발히 이루어지고 있

다. 특히, 인사권 독립과 의원 역량 강화 프로그램의 운영, 의원 연구활동 증가 등은 지방의회의 기능적 역량 강화를 뒷받침하고 있으며, 시민의 참여의사가 높아지면서 여론의 수렴과 반영이 신속하게 이루어질 수 있는 환경도 조성되고 있다.

그러나 이러한 다양한 강점에도 불구하고, 지방의회는 여전히 여러 구조적 제약과 운영상의 한계로 인해 의정활동의 실질적인 성과를 도출하는 데 어려움을 겪고 있다. 우선, 정책의 전문성과 심도 있는 분석을 위해 필수적인 전문직 출신 의원의 비율이 상대적으로 낮다는 점은, 복잡하고 다양한 행정 사안에 대한 정책적 대안 제시 능력 부족으로 이어질 수 있다. 이는 결국 의회가 지역사회 문제에 대해 실질적이고 효과적인 해결책을 제시하기보다는, 피상적인 논의에 머무를 가능성을 높이며, 시민들이 기대하는 정책역량과는 괴리를 초래하게 된다. 또한, 지방정부의 집행부를 견제하고 균형을 맞춰야 할 지방의회가 여전히 '강시장-약의장' 구조 속에 머무르고 있다는 점도 문제로 지적된다. 지방자치단체장에게 권한이 과도하게 집중되어 있는 반면, 의장은 의회 내에서조차 제한된 권한만을 보유하고 있어, 실질적인 정책 조율이나 견제기능 수행이 어렵다. 특히 인사권, 조직권, 예산권과 같은 핵심 권한의 상당 부분이 집행부에 집중되어 있어, 지방의회는 독립적인 정책기획이나 집행기관에 대한 실질적인 영향력을 행사하는 데 많은 제약을 받는다. 이와 같은 구조적 불균형은 지방의회가 본연의 기능을 충분히 발휘하지 못하게 하는 주요 원인 중 하나이며, 지방의회의 독립성과 자율성을 강화하려는 각종 제도 개선 노력에도 불구하고 여전히 제도적 뒷받침이 부족한 실정이다. 따라서 지방의회가 실질적인 주민 대표기관으로 기능하고, 지역정책을 주도하는 기관으로 자리 잡기 위해서는 이러한 제약들을 해소하기 위한 법적 · 제도적 개편과 행정적 지원이 병행되어야 할 것이다.

외부 환경 측면에서는 자치분권 확대와 지방자치법 개정에 따른 지방의회의 권한 강화, 인사권 독립, 정책지원 전문인력 도입, 주민참여 확대 등 다양한 기회 요인이 존재한다. 특히 MZ세대의 정치적 관심 증가와 함께, 세계적 수준의 ICT 기술을 활용한 주민참여제도의 도입이 가능해졌다는 점은 지방의회 운영의 유연성과 접근성을 높이는 데 긍정적 요인으로 작용한다. 시민단체와 주민들의 위원회 참여, 지역현안에 대한 토론회 수요 증가 역시 지방의회의 외연 확장 가능성을 시사한다.

반면, 지방의회에 대한 시민들의 낮은 인지도와 무관심은 의정활동의 정당성과 대표성을 약화시킬 수 있으며, 중앙집권적 단체자치 구조와 주민참여의 제도적 한계는 실질적인 자치 실현을 어렵게 만들고 있다. 조례 제정권의 범위 제한, 4년 단위 선거에 따른 정책 추진의 일관성 부족, 그리고 주민들의 낮은 참여 의식 등은 지방의회의 자율성과 책임성을 실현하는 데 주요한 장애 요인이다.

3. 지방의회가 나아가야 할 기본방향[14)]

지방의회가 향후 지향해야 할 기본적인 발전 방향은 전략적 관점에서 볼 때, WO전략(Weakness Opportunity Strategy)을 중심축으로 설정할 필요가 있다. 이는 조직 내부의 약점을 극복하면서 외부 환경에서 제시되는 기회를 적극적으로 활용하는 전략으로, 현재 지방의회가 직면하고 있는 구조적 한계와 운영상 미비점을 개선하는 동시에, 자치분권 확대, 제도 개선, 시민참여 확대 등 외부 환경의 긍정적 변화 요소를 효과적으로 흡수하고 활용하기 위한 실천적 전략이다. 특히 이러한 WO전략은 지방자치의 이념과 헌법 및 관련 법률이 지향하는 핵심 원칙인 민주성, 효율성, 독립성, 책임성을 실질적으로 구현하는 데 기반이 되어야 한다. 즉, 정책 분석 및 감시 기능의 전문성 부족, 시민참여 기반 미비, 의정활동 성과관리의 부재 등 내부적 약점을 보완하기 위한 제도적 정비와 역량 강화를 통해, 자치입법권 확대, 정책지원 전문인력 도입, 정보

14) 대한민국시도의장협의회,「지방의회 30년사」, 대한민국시도의장협의회, 2021년, 77~79면.

통신기술(ICT)의 활용, 시민참여 확대 등 외부 기회를 극대화할 수 있는 기반을 구축하는 것이 필요하다. 결과적으로, 지방의회는 이러한 전략적 접근을 통해 제도적 · 기능적 자율성을 확보하고, 지역사회 내에서 실질적인 민주적 대표성과 정책책임성을 구현하는 정치적 주체로 거듭나야 하며, 이는 자치분권 2.0 시대에 걸맞은 지방의회의 미래상 정립에 있어 핵심적인 방향성이 될 것이다.

먼저, 민주성의 측면에서 볼 때, 지방정부의 정책 결정은 중앙정부의 일방적인 통제보다는 지역 주민의 자율적 참여와 지방정부의 자기결정권에 기반을 두어야 한다. 대외적으로는 주민의 의사가 정책에 직접 반영될 수 있는 구조가 요구되며, 대내적으로는 단체장 등 집행부 중심의 일방적 결정이 아닌, 다양한 이해관계와 의견이 반영되는 조직 내 다원성이 보장될 때 진정한 민주적 의사결정이 가능해진다.

효율성과 관련해서는, 지방의회의 가장 큰 과제로 의원들의 전문성 부족이 지적되고 있으며, 이는 의정활동의 효율성을 저해하는 주요 요인으로 작용하고 있다. 이러한 문제를 개선하기 위해서는 의원 개개인의 역량을 높일 수 있는 교육 및 연수 프로그램의 강화가 필요하며, 동시에 지방의회 전체의 정책 대응 능력을 높이기 위해서는 체계적인 전문 지원 조직과 인력 확보 등 제도적 기반이 마련되어야 한다.

독립성은 지방의회가 본연의 기능을 충실히 수행하기 위해 반드시 확보되어야 할 핵심 요소이다. 지방의회는 지방정부의 한 축으로서, 집행기관인 지방자치단체장과 일정한 긴장관계를 유지하며 감시와 견제 기능을 수행해야 한다. 그러나 현실에서는 의회의 조직과 예산, 인사 등 여러 측면에서 집행부에 대한 의존성이 높아, 실질적인 독립성이 제약받는 경우가 적지 않다. 이러한 구조적 종속성은 의회의 자율적인 운영을 저해하고, 나아가 의회의 권한과 책임이 제대로 발휘되지 못하게 하는 원인이 된다. 따라서 지방의회가 정책결정 과정에서 보다 능동적이고 주체적인 역할을 수행하기 위해서는 조직 운영의 자율성 확보, 예산 편성권 강화, 인사권 독립 등 제도적 기반이 선행되어야 한다. 이를 통해 지방의회는 집행기관과의 관계에서 실질적인 견제력을 갖추고, 지역 주민의 다양한 의사를 대변하는 독립적 의사결정 기관으로 자리매김할 수 있다.

마지막으로, 책임성을 확보하기 위한 제도적 변화도 점차 강화되고 있다. 2021년 전부개정된 지방자치법은 지방의회의 윤리특별위원회 설치를 의무화하고, 겸직 제한 규정을 명확히 하는 등 지방의회의 책임성을 제고하는 여러 제도를 도입하였다. 아울러 지방정부와 지방의회의 정보공개를 확대함으로써 정책의 투명성을 높이고, 주민과의 소통을 강화하며, 주민들이 직접 감시하고 통제할 수 있는 자율적인 통제 시스템을 구축하는 기반을 마련하였다. 이러한 변화는 지방자치의 내실화를 위한 필수 조건이며, 앞으로의 지방의회 운영에 있어 중요한 방향성을 제시하고 있다.

Ⅳ. 기존 지방의회법안에 대한 검토

1. 지방의회법안의 입법 과정

현재까지 국회에 제출된 지방의회법안은 총 8건에 이르며, 그 입법 과정은 다음과 같이 전개되어 왔다. 먼저, 제20대 국회에서는 2018년 2월 8일 전현희 의원이 지방의회법안을 최초로 발의하였으나, 해당 법안은 2020년 5월 29일 국회 임기 만료와 함께 자동 폐기되었다. 제21대 국회에 들어서면서 지방의회법안에 대한 논의가 보다 활발해져 총 4건의 법안이 발의되었다. 구체적으로, 2020년 11월 17일 이해식 의원을 시작으로, 2021년 8월 18일 서영교 의원, 2021년 12월 29일 이원욱 의원, 2023년 9월 20일 박성민 의원이 각각 법안을 제출하였다.

그러나 이들 법안 역시 제21대 국회의 임기가 종료되는 2024년 5월

29일까지 국회를 통과하지 못하고 모두 폐기되었다. 제22대 국회에서는 새로운 논의가 이어지며 2024년 6월 11일 이해식 의원이 다시 지방의회법안을 발의하였고, 이후 7월 19일 강득구 의원안, 9월 2일 장경태 의원안이 추가로 제출되었다. 현재 이들 법안은 국회 심사 단계에 있으며 계류 중이다[15].

2. 20대, 21대 지방의회법안 주요사항 비교검토

다섯 개의 「지방의회법」 제정안(전현희안, 이해식안, 서영교안, 이원욱안, 박성민안)에 대한 주요 내용을 중심으로, 각각의 구성과 조례 제정 범위, 정책지원 전문인력, 조직권, 인사권, 예산편성권, 감사원 감사청구권 등에 관한 규정을 비교 · 분석하면 다음과 같다.

우선, 법안의 구성 체계 측면에서 살펴보면, 전현희안, 이해식안, 서영교안, 이원욱안은 모두 12장 체계를 취하고 있으나, 조문의 수에는 차이가 있다. 전현희안은 91조, 이해식안은 89조, 서영교안은 95조, 이원욱안은 98조로 구성되어 있다. 반면, 박성민안은 유일하게 13장으로 구성되어 있으며, 조문 수는 98조로 가장 많다. 이는 박성민안이 제도적 완결성을 강화하고 지방의회의 독립성과 자율성을 제고하기 위해 보다 상세한 규정을 포함하고 있다는 점을 시사한다.

조례 제정 범위에 관하여는, 전현희안, 이해식안, 서영교안, 이원욱안 모두 "법령에 위반되지 않는 범위 안에서" 조례를 제정할 수 있도록 하고 있다. 이 중 이해식안, 서영교안, 이원욱안은 더 나아가 벌칙에 대해서는 반드시 법률의 위임이 있어야 함을 명시하고 있으며, 특히 이원욱안은 벌칙뿐 아니라 주민의 권리를 제한하거나 의무를 부과하는 사항에 대해서도 법률의 위임을 요구함으로써 조례의 한계를 보다 명확히 하고 있다. 박성민안 또한 "법령의 범위에서" 조례 제정이 가능하다고 규정하고 있으며, 권리 제한 또는 의무 부과시 법률의 위임을 요건으로 삼아

15) 의사국 의안과. 20대, 21대 및 22대 국회 지방의회법안 의안원문 참조.

입법 권한의 한계를 강조하고 있다.

정책지원 전문인력 제도와 관련해서는, 다섯 개 법안 모두 정책지원 인력을 둘 수 있도록 규정하고 있으며, 그 운영에 관한 사항은 조례로 정하도록 하고 있다. 다만 이원욱안과 박성민안은 추가적으로 정책지원인력의 법적 지위를 지방공무원으로 명시하고 있으며, 이원욱안은 자료제공권을, 박성민안은 전문인력 수를 조례에 위임할 수 있도록 규정하고 있다. 이러한 규정은 정책지원 인력의 실질적 기능 강화와 지방의회의 전문성 확보를 제도적으로 뒷받침하려는 의도로 해석된다.

조직권의 측면에서는, 모든 법안이 조직과 정원 등과 관련한 사항을 조례로 정하도록 위임하고 있다. 특히 이해식안, 서영교안, 이원욱안은 대통령령으로 정하는 범위 내에서 조례에 위임하도록 하여 일정한 중앙정부의 통제를 유지하고자 하고 있으며, 박성민안은 조직권 행사에 있어 인건비를 고려하도록 규정하여 지방재정의 합리적 운용을 견지하고자 하는 방향을 취하고 있다.

인사권과 관련해서는, 전현희안, 이해식안, 서영교안, 이원욱안 모두 사무직원의 임면, 교육훈련, 징계 등에 대하여 법령과 조례에 따라 규율되도록 하고 있다. 박성민안은 여기에 더해 '규칙'도 인사권 행사의 근거로 추가하고 있다는 점에서 보다 유연한 규범체계를 구성하려는 경향을 보이고 있다.

한편, 이해식안, 서영교안, 이원욱안은 사무직원의 임명권을 의장에게 부여하고 있어 의회의 인사 자율성을 한층 강화하고 있다.

예산편성권과 관련해서는, 모든 법안이 지방의회의 경비는 독립하여 지방자치단체 예산에 계상되어야 함을 명확히 하고 있다. 이는 지방의회의 독립성과 자율성을 재정적으로 보장하려는 공통된 입법 취지를 반영한다.

마지막으로, 감사원 감사청구권에 대해서는 전현희안, 이해식안, 서영교안, 이원욱안, 박성민안 모두 지방의회가 지방자치단체의 사무처리에 대해 감사원에 감사를 청구할 수 있도록 규정하고 있다. 이는 지방의회의 감시 · 견제 기능을 제도적으로 뒷받침하기 위한 것으로, 지방자치의 투명성과 책임성을 강화하는 데 중요한 역할을 할 수 있다.

종합적으로 볼 때, 각 법안은 공통적으로 지방의회의 독립성과 자율성을 보장하려는 방향성을 가지고 있으며, 일부 조항에서는 지방의회의 권한 범위와 한계에 대한 구체적 규정을 통해 보다 정교한 제도설계를 지향하고 있다.

특히 박성민안은 가장 많은 조문과 장을 포함하고 있어 입법적 완성도가 높으며, 이원욱안은 조례 제정의 한계를 엄격히 규정하는 한편 정책지원 인력의 법적 지위와 기능을 명확히 하려는 노력이 돋보인다.

3. 20 · 21대 · 22대 지방의회법안 주요사항 비교검토

20대와 21대, 그리고 22대 국회에서 발의된 「지방의회법」 제정안들을 비교 · 분석하면, 각 시기의 입법안들이 지방의회의 위상 제고와 기능 강화라는 공통된 입법 취지를 공유하고 있음에도 불구하고 세부적인 내용에서는 차이를 보이고 있는 것을 확인할 수 있다. 특히 법안의 체계, 조례 제정 범위, 정책지원 전문인력 도입 방식, 조직권 및 인사권 부여 방식에서 이러한 차별성이 두드러진다.

우선, 법안의 구성 체계를 살펴보면, 20대와 21대 국회에서 발의된 법안들은 각각 전현희안(20대), 이해식안, 서영교안, 이원욱안, 박성민안(21대)으로 구분되며, 이들 모두 12장에서 13장 사이, 89조에서 98조 사이의 비교적 다양한 조문 체계를 취하고 있다.

반면, 22대 국회에서 발의된 이해식안, 강득구안, 장경태안은 모두 12장 96조로 동일한 체계를 유지하고 있어 입법안 간의 일관성을 높이려는 노력이 엿보인다.

조례 제정 범위에 있어서는, 20대 및 21대 제정안이 “법령에 위반되지 않는 범위 안에서”라는 기본 원칙 하에 조례 제정을 허용하고 있는 점에서 유사한 입장을 취하고 있다. 그러나 22대 입법안들은 이 원칙을 보다 구체화하여, 주민의 권리를 제한하거나 의무를 부과하거나, 벌칙을 정할 경우에는 반드시 법률의 위임이 있어야 한다는 요건을 명시하고 있다. 이는 조례의 자율성과 법률적 한계 간의 균형을 보다 엄격히 조정하려는 22대 입법안의 경향을 반영한 것이다.

정책지원 전문인력과 관련해서는 20대와 21대의 제정안들에서는 인력의 배치 가능성과 운영에 대한 조례 위임은 공통적으로 존재하나, 구체적인 정수에 대한 규정은 명시되어 있지 않다.

반면 22대 입법안들은 정책지원 전문인력의 수에 대해 보다 명확한 기준을 제시하고 있다. 이해식안은 의원정수의 1/2 범위 내에서, 강득구안은 의원정수의 범위 내에서 정책지원 인력을 둘 수 있도록 하고 있으며, 장경태안은 시 · 도의회에 대해서는 의원정수의 2배 이내, 시 · 군 · 구의회에 대해서는 의원정수의 범위 내에서 정책지원 인력을 둘 수 있도록 하고 있다. 이는 정책지원 전문인력의 실효적 운용을 위한 제도적 기반을 명확히 하고자 한 시도라 볼 수 있다.

조직권에 대한 규정은 20 · 21대 입법안들에서 큰 차이를 보이지 않으며, 모두 조례를 통해 조직과 정원 등에 관한 사항을 정하도록 하고 있다. 그러나 22대 제정안들은 이와 같은 조례 위임을 대통령령으로 정하는 범위 안에서로 한정하고 있어, 조직권의 자율성에 일정한 제약을 가하고 있다는 점에서 차이를 보인다.

이는 지방의회의 독립성을 보장하면서도 과도한 자율권 행사를 방지하기 위한 중앙정부의 통제 장치를 염두에 둔 규정으로 해석할 수 있다.

인사권과 관련해서도 20 · 21대 제정안들은 대체로 유사한 틀을 가지고 있으며, 사무직원에 대한 임면 · 교육훈련 · 징계 등에 대해 법령과 조례를 근거로 규율하고 있다. 22대 제정안은 여기에 더하여 의회 규칙을

명시하고 있어 인사 관련 규율체계의 자율성을 한층 확대하는 동시에, 사무직원의 임명권을 의장에게 부여함으로써 지방의회의 내부적 독립성을 보다 강화하고 있다.

세출예산권에 있어서는 20 · 21대 및 22대 모든 제정안들이 지방의회의 경비는 독립적으로 책정되어야 하며, 이를 지방자치단체의 예산에 계상하도록 하고 있다는 점에서 일관된 규정 체계를 유지하고 있다. 이는 지방의회의 운영 독립성을 재정적으로 뒷받침하기 위한 공통된 입법적 방향성을 반영한다.

마지막으로, 감사원 감사청구권에 관한 규정도 20 · 21대, 22대 제정안 모두에서 동일하게 지방의회가 지방자치단체의 사무처리에 대해 감사원에 감사를 청구할 수 있도록 규정하고 있다. 이는 지방의회의 감시기능 강화를 위한 제도적 장치로, 지방행정의 투명성과 책임성 확보를 위한 중요한 조항으로 자리매김하고 있다.

종합적으로 보았을 때, 22대 제정안들은 전체적으로 법체계의 정합성과 규정의 구체성을 강화하려는 경향을 보이고 있으며, 특히 정책지원 전문인력 제도와 인사권 및 조직권에 있어 지방의회의 실질적 자율성과 기능 강화를 도모하면서도 일정 부분에서 중앙정부의 규범적 통제를 유지하고자 하는 절충적 입장을 취하고 있다. 이는 지방의회 제도 발전을 위한 현실적이고 조화로운 제도 설계를 위한 시도로 평가될 수 있다.

Ⅴ. 지방의회 위상 강화를 위한 핵심 입법 과제의 도출

1. 지방의회법안의 구성

현재 국회의 경우, 「국회법」등 관련 법률에 근거하여 입법활동은 물론 조직·운영, 행정지원 등 전반적인 기능에 있어 체계적인 제도적 지원을 받고 있다. 반면, 지방의회는 그 위상과 역할이 점차 확대되고 있음에도 불구하고, 이를 독립적으로 규율하는 법률이 부재한 상황이다.

현재 지방의회에 관한 규정은 「지방자치법」 제5장에 포함되어 있으나, 이는 지방의회의 조직과 운영을 독자적이고 체계적으로 보장하기에는 한계가 있는 구조라 할 수 있다.

이에 따라 새롭게 제안되는 「지방의회법안」은 지방의회의 제도적 독립성과 위상을 명확히 정립하기 위한 법·제도적 대안으로 주목된다.

구체적으로는 현행 「지방자치법」 제5장에서 규율되고 있는 지방의회 관련 규정을 삭제하고, 이를 별도의 법률인 「지방의회법」으로 분리·제정하는 것을 주요 내용으로 한다.

이 법안은 현행 지방자치법상의 규정뿐만 아니라, 지방의회 회의규칙에 포함된 구성·운영 관련 사항, 그리고 국회의 운영을 규정한 「국회법」의 주요 내용을 참고하여 지방의회의 전문성과 독립성을 강화할 수 있도록 제도적 보완을 마련하고자 한다.

이를 통해 지방의 집행기관과 의결기관을 각각 독립된 법률 체계에 따라 규율함으로써, 지방자치의 양 축 간의 기능적 구분과 균형을 제도적으로 구현하려는 데 그 의의가 있다[16].

16) 행정안전위원회, 지방의회법안 검토보고서(이원욱의원 대표발의), 2022년, 9면.

2. 지방의회법안의 주요사항

(1) 지방의회의원 보좌직원 채용 및 운영 자율성 확보

현대 사회는 변화의 속도가 빠르고 사회구조가 점점 더 복잡해짐에 따라, 모든 조직과 구성원에게 높은 수준의 전문적 대응 능력이 요구되고 있다. 조직이 충분한 전문성을 확보하지 못할 경우, 지속적인 운영과 목표 달성에 어려움을 겪을 가능성이 크다.

지방의회는 주민들에 의해 선출된 의원들로 구성되며, 선출 과정에서 직무 수행과 관련된 특정한 자격 요건을 요구하지 않는다. 이로 인해 모든 지방의원이 의정활동에 필요한 전문적 지식과 기술을 충분히 갖추기는 쉽지 않다. 또한 지방의회는 주민의 정치적 대표성을 중심으로 구성되는 기관이므로, 정치적 대표성과 의원의 전문성이 반드시 비례하는 것은 아니다. 따라서 지방의원들에게 행정, 정책, 법률 등의 분야에서 전문가 수준의 역량을 일률적으로 요구하는 것은 현실적으로 어려울 뿐만 아니라 적절하지 않을 수도 있다.

그러나 급변하는 사회 속에서 지방의회가 주민들의 정치적 · 행정적 요구를 신속하고 정확하게 파악하고 대응하며, 전문화된 행정활동을 효과적으로 감시 · 통제하고, 지역 발전을 위한 전략을 수립하는 역할을 수행하기 위해서는 지방의원들에게 일정 수준 이상의 전문성이 요구된다는 점을 부인할 수 없다.

이러한 시대적 흐름에 맞추어, 지방의회가 주민 대표 기관, 자치 입법 기관, 집행부 감시 · 통제 기관, 지역 정책 기관으로서의 역할을 충실히 수행할 수 있도록 지방의원의 전문성을 보완할 인적 지원 방안을 마련하는 것이 필요하다. 이를 통해 지방의회가 보다 효율적으로 기능하고, 지역 발전과 주민 복리를 증진하는 역할을 효과적으로 수행할 수 있을 것이다[17].

17) 문상덕, "지방의회제도의 문제점과 발전방안",「행정법연구」제34호, 한국행정법연구소, 2012년 12월, 256-257면.

지방의회의 전문성을 강화하고 의원들의 원활한 의정활동을 지원하기 위한 핵심 인력으로서, 현행 「지방자치법」은 정책지원관과 전문위원을 규정하고 있다. 이들은 지방의회의 정책적 · 법률적 기능을 보완하고, 지방자치의 발전을 도모하는 데 있어 중요한 역할을 수행하는 인력이다.

정책지원관 제도는 「지방자치법」전부개정[18]을 통해 도입된 것으로, 개별 의원의 의정활동을 체계적으로 지원하기 위해 마련된 전문인력 체제이다. 현재 법령상 정책지원관의 배치는 의원 정수의 1/2 범위 내에서 가능하며, 이는 지방의회 조례를 통해 구체적으로 결정된다. 정책지원관의 주요 직무는 의정자료의 수집 · 조사 및 연구를 비롯하여, 의회의 의결사항 검토, 인사청문회 준비 지원, 서류제출 요구 및 행정사무감사 · 조사에 관한 보조 업무 등 의원들의 의정활동 전반에 걸친 지원을 포함한다. 또한, 지방의회 규칙 제정 및 개정 관련 활동에서도 중요한 역할을 수행하는 것으로 규정되어 있다[19].

그러나 정책지원관 제도가 의원 개별 지원을 중심으로 운영되면서, 일부 지방의회에서는 본래 법령이 지향하는 취지와 달리 정책지원 전문인력이 정책 연구 및 분석이라는 본연의 역할에서 벗어나 의원의 개인적 업무를 보조하는 사례가 발생하고 있다. 이는 정책지원관 제도의 도입 목적과 부합하지 않는 운영 방식이라 할 수 있다. 특히, 정책지원관의 역할이 단순한 행정적 · 실무적 보조에 집중될 경우, 지방의회의 정책 역량을 강화하고 입법 활동을 활성화하기 위한 제도의 본래 목적이 흐려질 위험이 있다. 따라서 정책지원관 제도는 의원 개별 지원과 지방의회

18) 「지방자치법」제41조(의원의 정책지원 전문인력) ① 지방의회의원의 의정활동을 지원 하기 위하여 지방의회의원 정수의 2분의 1 범위에서 해당 지방자치단체의 조례로 정하는 바에 따라 지방의회에 정책지원 전문인력을 둘 수 있다.

19 「지방자치법 시행령」제36조(정책지원 전문인력의 직무 등) ① 법 제41조제1항에 따른 정책지원 전문인력(이하 "정책지원전문인력"이라 한다)은 지방의회의원의 의정자료수 집 · 조사 · 연구, 법 제47조부터 제52조까지와 제83조에 관련된 의정활동을 지원한다. ② 정책지원전문인력의 직무범위와 관련된 세부사항은 제1항의 범위에서 조례로 정할 수 있다. 행정안전부.

의 정책적 역량 강화를 균형 있게 추진해야 하지만, 현실적으로 특정 의원의 보좌 역할에 치우치는 경향이 나타나면서 제도의 실효성이 저하될 가능성이 내포되어 있다.

더 나아가, 지방자치단체는 조례를 비롯한 자치법규를 통해 지방의회 운영과 관련하여 상당한 자율성을 보장받고 있으므로, 정책지원관의 직무 수행이 법령의 본래 취지에 부합하도록 체계적인 운영 방안을 마련하는 것이 필수적이다. 정책지원관 제도가 효과적으로 정착되기 위해서는 단순히 인력 배치에 초점을 맞추는 것이 아니라, 실질적으로 지방의회의 기능 강화를 지원할 수 있도록 보다 체계적이고 합리적인 제도적 틀을 구축하는 것이 필요하다. 이를 위해 정책지원관의 세부 직무 범위를 보다 명확하게 규정하여, 정책 연구 및 조사 기능을 강화하는 한편, 단순한 행정 지원에 그치지 않도록 업무 범위를 조정할 필요가 있다.

또한, 정책지원관의 운영 방식과 지휘 · 감독 체계를 체계적으로 정비하여, 지방의회의 입법 · 감사 기능을 실질적으로 보조할 수 있도록 하는 방향으로 운영할 필요가 있다. 이러한 개선 방안이 마련되지 않는다면, 정책지원관 제도는 지방의회의 정책적 역량을 보강하기보다는 단순한 보좌 인력 증원의 의미로만 활용될 가능성이 높아지며, 이는 결국 제도의 본래 취지와 부합하지 않는 결과를 초래할 수 있다.

이러한 점을 종합적으로 고려할 때, 정책지원관 제도의 올바른 정착과 실질적인 운영 효과성을 높이기 위해 보다 체계적이고 효과적인 운영 가이드라인을 마련할 필요성이 대두된다.

이에 따라 행정안전부는 정책지원 전문인력의 운영과 관련하여 각 지방의회에 가이드라인을 제공함으로써[20, 21], 새롭게 도입된 정책지원관 제도에 대한 지방의회의 이해도를 높이고, 해당 제도가 본연의 취지에 부합하는 방향으로 운영될 수 있도록 지원하고 있다.

20) 정책지원 전문인력 운영 가이드라인(개정판)」, 행정안전부, 2024년.

21) 행정안전부,「지방의회 운영 가이드북」, 행정안전부, 2025년.

이 가이드라인은 정책지원관의 직무 수행이 단순한 의원 개인 보좌 기능에 국한되지 않고, 지방의회의 정책 연구 및 의정활동 지원이라는 핵심 역할을 효과적으로 수행할 수 있도록 방향을 제시하는 데 중점을 두고 있다. 나아가, 가이드라인을 통해 지방의회가 정책지원관을 보다 전문적으로 활용할 수 있도록 유도하고, 지방의회 운영 과정에서 발생할 수 있는 제도적 혼선을 방지하는 데 기여하고자 하였다.

궁극적으로, 정책지원관 제도의 정착과 발전을 위해서는 단순히 가이드라인을 제공하는 데 그치지 않고, 지방의회가 이를 적극적으로 적용할 수 있도록 지속적인 제도 개선과 운영상의 피드백이 이루어져야 한다. 정책지원관이 지방의회의 정책적 전문성을 제고하는 핵심 인력으로 자리잡기 위해서는, 보다 정교한 운영 체계를 마련하고, 지방의회의 현실적 운영 여건을 고려한 맞춤형 지원이 병행되어야 한다. 이에 따라 향후 정책지원관 제도의 실효성을 높이기 위해, 중앙정부와 지방의회 간의 협력을 강화하고, 운영 과정에서 나타나는 문제점을 지속적으로 점검하면서 보완하는 노력이 필요할 것이다. 이를 위해 행정안전부는 정책지원관 제도의 효과적인 운영을 위한 몇 가지 주요 사항을 제시하고 있으며, 이는 정책지원관이 지방의회의 의정활동을 전문적으로 보좌하는 역할을 충실히 수행할 수 있도록 하는 데 초점을 맞추고 있다.

정책지원 전문인력은 법적으로 일반직 지방공무원의 신분을 가지므로, 공무원으로서의 정치적 중립 의무를 엄격히 준수해야 한다. 이는 공직선거법과 지방공무원법을 비롯한 관계 법령에서 명확히 규정하고 있는 사항이다. 따라서, 이들은 특정 정당의 활동에 관여하거나 정치적 입장을 드러내는 행위를 할 수 없으며, 지방의회 의원의 정치적 목적을 위한 업무를 지원하는 것 또한 제한된다. 특히, 국회의원 보좌관과 비교할 때 두 직책 간에는 신분상의 차이가 존재한다. 국회의원 보좌관은 별정직 공무원으로서 의원의 의정활동을 보좌하는 것뿐만 아니라, 정당의 업무를 지원하거나 지역구 관리를 수행하는 것이 가능하다. 그러나 정책지

원 전문인력은 이러한 활동을 할 수 없으며, 오로지 지방의회의 정책 수립과 입법 활동을 지원하는 역할에 국한되어 있다[22]. 제정안에는 지방의원의 정책 역량을 강화하고 전략적 의정활동을 지원하기 위한 방안으로, 지방의원 보좌직원 제도의 도입 필요성이 제기되고 있다. 보좌직원 채용은 지역 현안과 주민 의견을 체계적으로 수집 · 분석하여 의원의 정치적 입지를 공고히 하는 역할을 한다. 아울러, 의정활동 홍보 및 대외 소통을 원활히 하여 지방의원의 정치적 영향력을 확대하는 데 도움을 준다. 즉, 개인 보좌관은 의원의 입장에서 직접적이고 적극적인 지원을 제공할 수 있는 반면, 공무원 조직을 통한 체계적인 지원이나 연구기관을 통한 간접적인 지원은 그 성격상 제한적이며 수동적일 가능성이 높다고 판단된다. 한편, 보좌관 도입과 관련하여, 대법원 판례는 지방의원이 별정직 지방공무원인 보좌관을 둘 법적 근거가 없다고 판시한 바 있다[23]. 다만, 지방의원 보좌관제 도입을 모든 지방자치단체에 일률적으로 적용하기보다는 각 자치단체의 필요에 따라 조례로 규정하는 방안도 고려해 볼 수 있으나, 행안부 및 대법원 관련 법규 해석에 의해 현행 제도상 실현이 어려운 상황이다. 따라서 이러한 현실성을 반영하여, 국회의원 보좌관 관련 법률을 참조해 지방의원 보좌직원 제도의 법제화를 지방의회법 제정안에 포함시키는 것이 바람직하다고 판단된다.

---

22) 행정안전부「정책지원 전문인력 운영 가이드라인(개정판)」, 행정안전부, 2024년, 86면.

구 분	국회의원 보좌관	정책지원관
법적근거	국회보좌직원 및 의원수당법 제2조	지방자치법 제 41조
인 원	의원 1인당 8명	의원정수 1/2 이내
신 분	별정직 국가공무원	일반직 공무원
채 용	채용공고 생략	공개경쟁을 통한 채용
배 치	개별 의원실	위원회 또는 의회 사무기구
직무범위	제한 없음	정치적 중립의무 준수 필요

23) 대법원 1996. 12. 10. 선고 96추121판결.

(2) 지방의회 사무기구 조직 및 인력 확대를 통한 자치조직권 강화

인사권 독립 이전, 지방의회 사무직원에 대한 인사권은 여러 차례 변화를 거쳤다. 1988년 4월 6일에는 지방자치단체의 장이 지방의회 의장과 협의하여 사무직원을 임명하였으나, 1994년 3월 16일부터는 지방의회 의장의 추천을 받아 임명하는 방식으로 변경되었다. 이후 2006년 4월 28일 개정을 통해 지방의회 의장의 추천에 따라 지방자치단체의 장이 임명하되, 별정직 · 기능직 · 계약직 공무원의 임용권은 지방의회 사무처장 · 사무국장 · 사무과장에게 위임되었다. 2012년 12월 11일 개정에서는 별정직 공무원과 지방공무원법 제25조의5에 따른 임기제 공무원의 임용권 역시 지방의회 사무처장 · 사무국장 · 사무과장에게 위임되었으며, 2013년 7월 16일 개정에서는 이에 더해 대통령령으로 정하는 일반직 공무원의 임용권도 동일한 방식으로 위임되는 등 점진적으로 지방의회 의장의 인사권이 강화되는 방향으로 변화해왔다[24).

2022년 1월 13일부터 시행된 지방자치법 전면 개정은 지방의회 운영 체계에 중요한 변화를 가져왔다. 이번 개정의 핵심 내용은 지방의회 사무직원(공무원)에 대한 인사권이 기존 지방자치단체장에서 지방의회 의장에게 이양되었다는 점이다[25).

---

24) 행정안전부,「지방의회 운영 가이드북」, 행정안전부, 2025년, 344면.

25) 지방자치법」제102조(사무처 등의 설치) ① 시 · 도의회에는 사무를 처리하기 위하여 조례로 정하는 바에 따라 사무처를 둘 수 있으며, 사무처에는 사무처장과 직원을 둔다. ② 시 · 군 및 자치구의회에는 사무를 처리하기 위하여 조례로 정하는 바에 따라 사무국이나 사무과를 둘 수 있으며, 사무국 · 사무과에는 사무국장 또는 사무과장과 직원을 둘 수 있다. ③ 제1항과 제2항에 따른 사무처장 · 사무국장 · 사무과장 및 직원(이하 제103조, 제104조 및 제118조에서 “사무직원”이라 한다)은 지방공무원으로 보한다. 「지방자치법」제103조(사무직원의 정원과 임면 등) ① 지방의회에 두는 사무직원의 수 는 인건비 등 대통령령으로 정하는 기준에 따라 조례로 정한다. ② 지방의회의 의장은 지방의회 사무직원을 지휘 · 감독하고 법령과 조례 · 의회규칙으로 정하는 바에 따라 그 임면 · 교육 · 훈련 · 복무 · 징계 등에 관한 사항을 처리한다.

이러한 인사권 독립은 단순한 행정적 조정이 아니라, 지방의회의 제도적 위상을 강화하고 실질적인 자치분권을 실현하는 데 중요한 전환점이 되었다.

개정된 법에 따라 지방의회 의장은 사무직원에 대한 전반적인 인사 관리 권한을 직접 행사할 수 있게 되었다. 즉, 직원의 임용과 면직, 교육 및 훈련, 복무 관리, 징계 절차 등 모든 인사 행정을 독립적으로 운영할 수 있는 권한을 확보했다. 과거에는 이러한 권한이 지방자치단체장에게 있어 지방의회의 독립성이 구조적으로 제약을 받았으나, 이번 개정을 통해 그 한계를 극복할 수 있게 되었다.

인사권 독립을 통해 지방의회는 지방자치단체의 집행기관으로부터 보다 독립적인 운영이 가능해졌으며, 본연의 기능인 입법 및 감시 역할을 더욱 효과적으로 수행할 수 있는 기반을 마련했다. 또한, 지방의회 사무직원의 전문성을 높이고 의회 운영에 적합한 인력 개발이 가능해져 의정활동의 질적 향상도 기대된다.

결과적으로, 이번 제도 개편은 지방의회의 자율성과 독립성을 획기적으로 강화하는 계기가 되었으며, 이를 통해 지방의회가 지역 주민의 다양한 요구를 보다 충실히 반영하고 지역 특성에 맞는 정책을 수립할 수 있는 전문성을 확보하는 데 중요한 역할을 하게 되었다.

하지만, 개정된 지방자치법 제103조 제2항에 따라 지방의회 의장에게 인사권이 이양되었으나, 같은 법 제103조 제1항에서는 여전히 지방의회 사무직원의 정원을 대통령령이 정한 기준에 따르도록 규정하고 있다. 이로 인해 지방의회의 인적 역량을 강화하는 데 근본적인 제약이 발생하고 있으며, 현행 제도하에서는 전문적인 정책 및 입법 지원 인력을 충분히 확보하기 어려운 구조적 한계가 존재한다.

행정안전부의 유권해석을 통해 지방의회가 의회 업무 수행을 위해 임시 조직을 신설할 수 있는지에 대해 살펴보면, 지방자치단체의 행정기구와 정원기준 등에 관한 규정 제36조 제2항에 따르면, 지방의회는 지방자치단체장이 제안한 기구 및 정원에 관한 조례안을 의결할 때, 지방 행정 조직의 효율적 운영과 재정 건전성을 고려하여 기구를 축소하거나 통합·폐지하거나 정원을 감축하는 결정을 내릴 수 있다. 다만, 이러한 의결을 할 경우 사전에 지방자치단체장의 의견을 수렴해야 한다. 이는 행정기구와 정원의 운영이 해당 자치단체 내부 조직을 관리하는 지방자치단체장의 고유 권한에 속하며, 기구·정원 관련 조례안의 제안권은 지방자치단체장에게 전적으로 부여된다는 점을 의미한다. 따라서, 지방의회는 기구·정원의 감축에 대한 의결권만 가지며, 직접적으로 행정기구를 신설하는 것은 허용되지 않는다. 또한, 이러한 제한은 임시적인 기구를 설치하는 경우에도 동일하게 적용되며, 지방의회가 자체적으로 별도의 행정기구를 구성하는 것은 법적으로 허용되지 않는 것으로 보고 있다[26].

이러한 문제를 해결하기 위해서는 지방의회의 자치조직권을 실질적으로 확대할 필요가 있다. 구체적으로, 시의회 사무처 행정기구 및 정원에 관한 조례를 개정하여 지방의회가 필요에 따라 공무원 정원을 보다 유연하게 결정할 수 있도록 자율성을 부여해야 한다. 특히, 기초지방의회의 경우 소규모 조직 운영으로 인해 인사 적체가 발생하고 우수 인력을 유치하기 어려운 현실을 고려하여, 광역지자체와의 체계적인 인사 교류 제도를 도입하는 방안이 필요하다.

또한, 채용 과정에서도 기초 및 광역지자체의 인력 수요를 종합적으로 고려하여 광역 시·도 단위에서 보다 효율적으로 진행하는 방안을 검토해야 한다. 이러한 제도가 정착되면, 의정직렬 간 순환보직이 가능해져 공무원의 전문성이 향상될 뿐만 아니라 업무 적응력과 만족도도 자연스럽게 높아질 것으로 기대된다.

아울러, 지방의회 기준인건비제 도입, 관련 규정 개정을 통한 의회 조직 및 전문위원 직급의 현실화, 인사 운영의 공정성과 투명성을 확보하기 위한 검증위원회 설치, 권역별 인사 교류 협의체 구성 등 다양한 제도

26) 행정안전부,「지방의회 운영 가이드북」, 행정안전부, 2025년, 342면.

적 개선이 필요하다.

이러한 종합적인 개선 조치를 통해 그동안 집행기관 중심으로 운영되던 인사 시스템을 지방의회가 독립적으로 운용할 수 있는 기반을 마련하고, 궁극적으로 지방의회의 투명성, 책임성 및 전문성을 한층 더 강화하는 방향으로 나아갈 수 있을 것이다[27].

(3) 지방의회 예산편성 · 운영 독립성 강화

현행 「지방자치법」에 따르면, 지방자치단체장은 매 회계연도마다 예산안을 편성하여 지방의회에 제출하고, 지방의회는 이를 심의 · 의결하는 구조를 갖고 있다[28]. 그러나 지방의회 경비는 독립적으로 국가 예산에 계상되는 국회의 경우와 달리, 지방의회나 지방의회의원에게는 예산안 편성권이 인정되지 않는다.

이에 따라 제정안에서는 현재 지방자치단체장이 보유하고 있는 지방의회 소관 세출예산 편성권을 지방의회의장에게 부여할 필요가 있다. 이를 통해 지방의회가 재정을 자율적으로 확보할 수 있는 기반을 마련함으로써 자주성과 독립성을 강화하고, 나아가 집행기관에 대한 견제 및 감독 기능을 보다 효과적으로 수행할 수 있을 것이다.

한편, 지방의회는 「헌법」제118조에 따라 설치되는 헌법기관으로서,

---

27) 성중탁, "지방분권강화를 위한 가칭'지방의회법'제정 방향",「공법학연구」제24권 제1호, 한국비교공법학회, 2023년, 113면.

28) 「지방자치법」제142조(예산의 편성 및 의결) ① 지방자치단체의 장은 회계연도마다 예산안을 편성하여 시 · 도는 회계연도 시작 50일 전까지, 시 · 군 및 자치구는 회계연도 시작 40일 전까지 지방의회에 제출하여야 한다. ② 시 · 도의회는 제1항의 예산안을 회계연도 시작 15일 전까지, 시 · 군 및 자치구의회는 회계연도 시작 10일 전까지 의결하여야 한다. ③ 지방의회는 지방자치단체의 장의 동의 없이 지출예산 각 항의 금액을 증가시키거나 새로운 비용항목을 설치할 수 없다. ④ 지방자치단체의 장은 제1항의 예산안을 제출한 후 부득이한 사유로 그 내용의 일부를 수정하려면 수정예산안을 작성하여 지방의회에 다시 제출할 수 있다.

법률에 의해 폐지 되거나 대체될 수 없는 기관이다[29]. 헌법상 기관인 국회뿐만 아니라 법원, 헌법재판소 등은 경비를 독립적으로 국가 예산에 계상하도록 규정하고 있다[30].

특히, 지방의회의 예산편성권을 부여하는 문제는 지방의회의 법적 지위에 대한 해석과 직결되는 만큼 신중한 검토가 필요하다. 국회의원과 지방의회의원 모두 헌법에 의해 규정된 헌법기관이라는 공통점이 있으나, 법적 보장 수준에는 차이가 있다. 국회의원의 권한은 헌법에서 직접적이고 구체적으로 보장되는 반면, 지방의회의원의 권한은 그렇지 않다. 따라서 법리적으로 두 기관이 동등한 헌법적 지위를 가진다고 보기는 어렵다. 국회의원은 국회의 구성원으로서 헌법 개정의 제안 및 의결(제128조, 제130조), 입법(제40조), 예산안 심의(제54조), 재정 입법(제59조), 국정 감사 및 조사(제61조), 탄핵소추(제65조) 등의 권한을 부여받는다. 반면, 지방의회는 지방자치단체의 행정 집행기관과 구별되는 독자적인 역할과 권한을 가지고 있음에도 불구하고, 이에 대한 구체적인 규정이 헌법에 명시되어 있지 않다. 헌법 제117조 제1항에서 지방자치단체가 "주민의 복리에 관한 사무를 처리하고 재산을 관리하며, 법령의 범위 내에서 자치에 관한 규정을 제정할 수 있다"고 규정하고 있으나, 이는 지방자치단체 전체의 권한을 의미하는 것이며, 지방의회만의 독자적

29) 「헌법」제118조 ① 지방자치단체에 의회를 둔다. ② 지방의회의 조직 · 권한 · 의원선거와 지방자치단체의 장의 선임방법 기타 지방자치 단체의 조직과 운영에 관한 사항은 법률로 정한다.

30) 「국회법」제23조(국회의 예산) ① 국회의 예산은 독립하여 국가예산에 계상(計上)한다. ② 의장은 국회 소관 예산요구서를 작성하여 국회운영위원회의 심사를 거쳐 정부에 제출한다. 다만, 「국가재정법」에서 정한 예산요구서 제출기일 전일까지 국회운영위원회가 국회 소관 예산요구서의 심사를 마치지 못한 경우에는 의장은 직접 국회 소관 예산요구서를 정부에 제출할 수 있다. ③ 국회의 예산에 예비금을 둔다. 「법원조직법」제82조(법원의 경비) ① 법원의 경비는 독립하여 국가의 예산에 계상(計上)하여야 한다. ② 법원의 예산을 편성할 때에는 사법부의 독립성과 자율성을 존중하여야 한다. ③ 제1항의 경비 중에는 예비금을 둔다. 「헌법재판소법」제11조(경비) ① 헌법재판소의 경비는 독립하여 국가의 예산에 계상(計上)하여야 한다. ② 제1항의 경비 중에는 예비금을 둔다.

인 권한을 명확히 규정한 것은 아니다. 즉, 지방의회의 권한은 집행기관과 의결기관을 포괄하는 지방자치단체의 기능 속에서 이해될 수밖에 없어, 국회의원과 지방의회의원이 동일한 헌법적 지위를 가진다고 보기 어렵다. 대법원 또한 지방의회는 국회와 같은 헌법상 의미의 의회가 아니라 행정적 역할을 수행하는 기관의 성격을 가진다고 판시한 바 있다[31]. 이는 사법부가 지방자치를 헌법이 보호해야 할 하나의 제도로서 소극적으로 해석하고, 지방자치단체와 주민의 자치권을 기본권으로 인정하지 않는 입장을 유지하고 있음을 보여준다. 이러한 해석은 제도보장이론에 기초한 것으로, 이는 20세기 초 바이마르 공화국 시기에 헌법을 특정 정치 세력으로부터 보호하기 위한 방어적 개념으로 발전한 이론이다. 그러나 제도보장이론을 지방자치 개념에 그대로 적용하는 것은 한계가 있다. 특히 한국의 경우, 헌법 제정과 함께 지방자치제도가 도입되었기 때문에, 입법자가 보호해야 할 역사적 · 전통적 지방자치의 본질적 개념이 존재하지 않았다. 이처럼 제도보장이론에 입각한 사법부의 지방자치 해석은 지방자치를 제한적인 수준에서만 보장하는 결과를 초래하고 있다. 그러나 지방분권과 지방자치의 중요성이 점점 강조되는 시대적 흐름을 고려할 때, 우리 헌법도 변화하는 환경에 맞춰 지방자치에서 주민의 자치권을 보다 적극적으로 해석할 필요가 있다[32].

지방자치는 단순히 행정적 효율성을 높이는 수단이 아니라, 민주주의

31) 대법원 2021. 4. 29. 선고2016두39825판결. 대법원 비례대표지방의회의원 퇴직 처분 취소 등 판례에서도 국회의원으로 구성된 국회의 권한에 관한헌법 제40조, 제54조, 제59조, 제62조, 제63조, 지방자치단체의 권한에 관한 헌법 제117조, 제118조,지방자치법 제9조, 제22조의 규정에 비추어, 국회의원이 국민의 정치적 의사형성에 관여하는 역할을 담당하는 반면 지방의회의원은 주로 지방자치단체의 주민의 복리에 관한 사무를 처리하고 재산을관리하는 행정적 역할을 담당하므로 지방의회의원은 국회의원과 그 역할에 있어 본질적인 차이가 있고, 헌법과 법률이 지위를 보장하는 정도도 다르며, 정당에 대한 기속성의 정도 또한 다르다고 판단하였다.

32) 김한나, "지방의회는 행정기관인가?: 국회의원과 지방의회의원의 본질적 차이에 관한 이론적 검토", 「현대정치연구」제15권 제1호, 서강대학교 현대정치연구소, 2022년, 30면.

의 중요한 구성 요소로서 주민의 정치적 참여와 권한 강화를 위한 장치로 이해될 필요가 있다. 현대 헌법이 추구하는 민주적 가치와 국민주권의 원리에 비추어 볼 때, 지방자치는 국가 전체의 통치 구조 속에서 중요한 역할을 담당하며, 이를 단순히 제도로서만 보장하는 것은 시대적 요구에 부합하지 않는다. 현재 우리나라의 지방자치제도는 헌법 제117조 및 제118조에 근거하고 있지만, 구체적인 내용은 법률에 위임되어 있다. 그러나 이러한 구조는 지방자치의 본질을 제약할 수 있으며, 국회의 입법 재량에 따라 지방자치의 범위가 지나치게 축소될 위험을 내포하고 있다. 따라서 지방자치를 보다 실질적으로 보장하기 위해서는 지방의회법 제정을 통해 지방의회가 독립성과 자율성을 갖추고 집행부를 견제 · 감시하며 주민 의사를 정책에 반영하고 복리 증진이라는 본연의 기능을 효율적으로 수행하기 위해서는 지방자치단체와 동등한 수준의 예산편성 자율권이 보장될 필요가 있다.

(4) 겸직금지를 통한 지방의회의원의 책임성 강화

지방의회의 권한이 확대됨에 따라 자율 통제에 대한 우려도 커질 수 있으므로, 이에 상응하는 책임성과 윤리성 강화가 필수적이다. 예를 들어, 의원들의 겸직 제한을 강화하고 윤리심사위원회를 신설하는 등의 조치가 필요할 것이다[33]. 한편, 지방의회의원의 겸직은 지방 거버넌스의 다양한 측면에 영향을 미칠 수 있는 쟁점으로, 시민 참여와 정치적 성과뿐만 아니라 민주적 절차 및 재정적 측면까지도 포함한다. 지방 거버넌스의 넓은 맥락에서 보면, 외부에서 유입된 지방의회의원이 풍부한 실무 경험을 바탕으로 활동할 경우 시민 참여와 정치 참여가 촉진될 가능성이 있다. 그러나 이러한 긍정적 효과에도 불구하고, 겸직에는 여러 가지 단점이 존재한다. 특히, 이해관계의 충돌이나 부패로 이어질 경우 지방의

33) 성중탁, "지방의회법 제정의 필요성과 그 방향",「월간 공공정책」 제211권, 한국주민자치학회, 2023년, 14면.

회의 책임성과 성과 달성을 위한 추진력이 약화될 수 있으며, 이해 상충의 위험성이 높아질 수 있다[34].

한편 헌법재판소도 “지방의회 의원직을 겸할수 없도록 하는 것은 공공복리를 위한 필요성이 인정되는 것[35]”이라고 보고 있다. 2006년 지방의원 유급제 도입 이후, 2021년 1월 지방자치법이 전부 개정되면서 겸직 금지의 범위가 확대되었으며, 이에 따라 지방의원은 지방자치법 제43조에 명시된 직을 겸할 수 없게 되었다.

지방의원의 겸직 제한 범위는 의원의 전문성에 영향을 미치는 중요한 요소로서, 국민의 공무담임권을 보장하는 동시에 주민 대표성, 직무 수행의 공정성 및 전념성, 그리고 지방의원의 명예직 여부 등을 고려하여 결정된다. 일반적으로, 지방의원이 명예직일 경우 겸직 제한의 범위가 좁은 반면, 유급직일 경우 그 범위가 더 넓어진다. 겸직 제한이 넓어지면 의원의 청렴성과 직무 수행의 공정성이 강화되는 장점이 있으나, 반대로 제한이 좁으면 유능한 인재가 지방의회에 진출할 기회가 늘어나는 이점이 있다.

특히, 직무 수행 과정에서 사적 이익 개입이나 행정 간섭 가능성이 높은 단체 및 직종, 그리고 국민의 공공복리를 위해 정치적 중립성이 요구되는 직책은 겸직을 제한하는 것이 바람직하다[36].

한편, 전부개정된 지방자치법에 의하면 지방의회의원은 국회의원, 다른 지방의회의원, 헌법재판소 재판관, 각급 선거관리위원회 위원, 공공기관의 임직원, 지방공사와 지방공단의 임직원, 각종 협동조합의 임직원과 중앙 및 연합 회장, 정당의 당원이 될 수 없는 교원, 공무원의 신분을 가지는 직 등을 겸직할 수 없다[37].

34) 김성근, 이원교, 김민한, “지방의회의원의 겸직에 대한 담론-이해관계자의 자결적 주관성을 중심으로-”,「한국지방자치학회보」 제35권 제3호, 한국지방자치학회, 2023년, 222~223면.

35) 헌재 1995. 5. 25. 91헌마67.

36) 행정안전부,「지방의회 운영 가이드북」, 행정안전부, 2025년.

37) 「지방자치법」제43조.

또한 같은 법 제44조에서는 지방의회의원은 소속 지방자치단체가 출자 · 출연한 기관 · 단체, 사무를 위탁받아 수행하고 있는 기관 · 단체, 운영비와 사업비 등을 지원받고 있는 기관 · 단체, 법령에 따라 지방자치단체의 장의 인가를 받아 설립된 조합(준비단체 포함)과 영리를 목적으로 하는 거래를 금지하고 있다[38].

(5) 의정활동비 등 지방의회의원 수당 신설 및 자율성 확보

2023년 10월 27일 열린 제5회 중앙지방협력회의에서는 지방의회의원의 원활한 의정활동을 지원하고 유능한 인재가 지방의회에 적극적으로 참여할 수 있도록 의정활동비 인상을 결정했다[39]. 이에 따라 지방의회의원의 의정활동비 지급 상한을 시 · 도의회의원은 '월 150만원'에서 '월 200만원'으로, 시 · 군 · 자치구의회의원은 '월 110만원'에서 '월 150만원'으로 상향 조정하는 등 현행 제도의 운영상 나타난 일부 미비점을 개선 · 보완하여 지방자치법 시행령이 개정(시행 2023. 12. 14.)되었다[40]. 한편, 지방의회의 역할이 갈수록 중요해지고 있는 가운데, 조례 제정과 예 · 결산 심의, 정책결정 과정에서 지방의회의 심의 역량을 강화할 필요성이 커지고 있다. 이에 따라 지방의원의 연구 및 조사활동을 제도적으로 뒷받침하고, 의정활동비를 확대하여 정책 연구 및 보조 활동을 지원함으로써 의정활동의 적절성과 투명성을 확보하는 것이 요구된다[41]. 따라서, 제정안에는 현행 지방자치법[42]과 마찬가지로 지방의원의

38) 「지방자치법」제44조.

39) 2023년도 제5회 중앙지방협력회의 회의록.

40) 법제처 국가법령정보 2025년.

41) 김남욱, 왕승혜, "의정활동비의 지급기준액 결정에 관한 고찰",「지방자치법연구」제24권 제1호, 한국지방자치법학회, 2024년, 68면.

42) 「지방자치법」제40조.

의정활동비 지급 근거를 마련하는 한편, 국회법 관련 규정[43,44]과 기존에 발의된 지방의회법안[45]을 참고하여 보다 실질적인 지원 방안이 포함되어야 한다. 특히, 회기 중 입법활동을 보다 체계적으로 뒷받침하기 위해서는 특별활동비의 도입이 필요하며, 지방의원의 정책 개발 기능 강화를 위해 입법 자료 수집 및 연구 활동을 지원하는 정책개발비의 도입도 함께 검토되어야 한다.

아울러 '의정활동 지원과 관련하여 조례로 정하는 비용' 항목을 신설(안 제11조제1항제4호~6호)함으로써, 지방의회의 자율성과 지역 맞춤형 지원체계가 마련될 수 있도록 할 필요가 있다.

다만, 지방의원의 의정활동비 지급에는 일정한 제한도 함께 마련되어야 한다. 의정활동비는 지방의원의 원활한 의정활동 수행을 지원하기 위한 목적을 가지므로, 범죄 등으로 인해 구금되어 실제로 의정활동이 불가능한 경우에는 지급을 제한하는 것이 타당하다. 또한, 지방자치단체장이나 국회의원과의 형평성 역시 고려되어야 하며, 이를 통해 제도의 정당성과 국민 신뢰를 확보할 수 있다.

현재 지방자치단체장의 경우 구속 또는 구금되면 부단체장이 직무를 대행하지만, 급여 지급이 전면 중단되지 않고 일부 감액되는 방식이 적용된다[46]. 반면, 국회의원은 유사한 상황에서도 급여 제한 조치가 전혀 이루어지지 않는다.

---

43) 「국회법」제30조, 「국회의원의 보좌직원과 수당 등에 관한 법률」제7조, 제11조~14조.

44) 국회법에서는 법률로 정하도록 규정하여, 조례로 위임하지 않고 제정안에 표기하였다.

45) 기존의 지방의회법안은 공통적으로 '그 밖에 의정활동 지원과 관련하여 조례로 정하는 비용' 조항을 추가하였다.

46) 「지방공무원 보수규정」 제48조의2(권한대행기간 중의 연봉감액 등) ①「지방자치법」 제124조 제1항 제2호에 따라 부지사·부시장·부군수 또는 부구청장(이하 "부단체장"이라한다)이 그 지방자치단체의 장의 권한을 대행하는 경우 그 지방자치단체의 장에 대해서는 그 기간중 연봉월액의 40퍼센트를 지급한다. 다만, 권한대행기간이 3월을 경과한 때에는 그 3월이 경과한 후의 기간중에는 연봉월액의 20퍼센트를 지급한다.

이러한 차이는 형평성 논란을 야기할 수 있으며, 이를 해결하기 위해서는 모든 공직자가 동일한 기준을 적용받아야 하며, 특히 구금으로 직무 수행이 불가능한 경우 보수 지급을 중단하는 방향으로 제도를 정비할 필요가 있다[47].

또한 2022년 12월 19일 국민권익위원회에서는 지방의회의원 의정비 예산낭비 방지 방안으로 본회의 · 위원회에 일정 기간 참석할 수 없는 출석정지를 포함하여 질서유지 위반에 따른 공개회의 경고 · 사과의 경우도 의정비 감액과 지방의회는 지방의원의 공소제기 후 구속기간 동안 의정비 전액 또는 지자체장 등과 유사한 수준으로 의정비 감액을 개선방안으로 권고하기도 하였다.

따라서 제정안에는 지방의회의원이 범죄와 관련하여 구금됨으로써 그 직무를 수행할 수 없는 경우, 의정활동비를 지급하지 않도록 하는 규정을 포함할 필요가 있다. 현재 국민권익위원회의 권고에 따라 일부 지방자치단체는 조례를 통해 의정활동비 지급 제한 규정을 마련하고 있으나, 전국적으로 관련 조례가 아직 모두 제정되지 않은 실정이다. 이에 따라 지방의원의 수당 지급 확대 및 자율성 강화와 함께 그에 상응하는 책임성을 확보하기 위해, 의정활동비의 지급 정지 및 환수에 관한 조항을 제정안에 명확히 규정할 필요가 있다.

(6) 소결

앞서 논의된 지방의회법안의 주요 내용들은 지방의회 기능 강화와 지방자치의 내실화를 위한 제도적 기반으로 긍정적인 측면이 크지만, 그 이면에는 여러 가지 한계와 부작용이 존재한다. 예컨대, 지방의회법안에 포함된 보좌직원 제도와 사무기구 인력 확대는 의정활동의 전문성과 효율성을 높일 수 있는 방안이지만, 재정 부담 증가와 인력 운용의 비효율

47) 성중탁, "지방분권강화를 위한 가칭'지방의회법'제정 방향",「공법학연구」제24권 제1호, 한국비교공법학회, 2023년, 115면.

성, 주민에 대한 비용 전가 우려 등 현실적인 제약이 따른다. 특히 재정 여건이 열악한 지방자치단체에서는 제도의 실효적 운영이 어려울 수 있으며, 보좌직원의 역할이 명확하지 않거나 조직이 과도하게 확대될 경우 행정 비효율이 심화될 가능성이 크다. 이에 따라 제도의 필요성과 기여도를 면밀히 검토하고, 운영 기준과 역할 범위에 대한 명확한 제도 설계가 필수적이다. 또한, 예산편성권 강화, 의정활동비 인상, 겸직 금지 등은 지방의회의 자율성과 책무성을 높이는 데 기여할 수 있지만, 정치적 갈등 유발, 자원 배분의 불균형, 전문성 있는 외부 인재의 유입 제한 등 부작용도 상존한다.

따라서 제도의 실효성을 확보하기 위해서는 일률적 적용이 아닌 지방별 재정 능력과 행정 수요를 반영한 차등적 접근이 필요하며, 시행 이후에는 사후 평가 및 감시 체계를 통해 지속 가능성과 정책적 정당성을 확보해야 한다. 결국 지역별 특성과 재정 여건을 고려한 맞춤형 제도 설계와 성과에 대한 지속적인 모니터링 체계 구축이, 지방의회 제도의 성공적 정착과 지방자치 발전의 핵심 기반으로 작용할 것이다.

Ⅵ. 지방의회법 제정 실현을 위한 전략적 접근

1. 중앙정부 주도의 지방의회법 제정 추진

우리나라 헌법 제40조는 “입법권은 국회에 속한다”고 명시하여 국회 중심의 입법 체계를 선언하고 있다. 그러나 제52조에서는 “국회의원과 정부는 법률안을 제출할 수 있다”고 규정함으로써, 법률안 발의 권한이 국회의원뿐만 아니라 정부에도 있음을 분명히 하고 있다.

정부가 법률안을 제출하는 경우, 해당 법률을 관할하는 중앙행정기관이 초안을 마련한 후 관계기관과 협의하고, 각종 평가를 요청한다. 이어

국민의 의견을 수렴하기 위해 입법예고를 실시하며, 예고된 법률안은 규제심사를 거쳐 법제처의 심사를 받는다. 그 다음 차관회의와 국무회의를 통해 심의 · 의결되고, 대통령의 재가를 받은 후 국회에 제출된다. 국회의 의결을 거친 법률안은 다시 정부로 이송되며, 국무회의와 대통령의 재가를 거쳐 공포됨으로써 비로소 효력을 갖게 된다[48].

제18대부터 제21대까지의 국회 입법 현황을 살펴보면, 의원입법은 제18대 12,220건, 제19대 16,729건, 제20대 23,045건, 제21대 25,027건으로 지속적인 증가 추세를 보였으며, 정부입법은 제18대 1,693건, 제19대 1,093건, 제20대 1,094건, 제21대 831건으로 점차 감소하였다. 가결 건수는 의원입법의 경우 제18대 1,663건(13.6%), 제19대 2,415건(14.4%), 제20대 2,890건(12.5%), 제21대 2,747건(11.0%)이었고, 정부입법은 제18대 690건(40.8%), 제19대 379건(34.7%), 제20대 305건(27.9%), 제21대 212건(25.5%)이었다. 이를 통해 의원입법은 제출 건수에서 정부입법을 크게 상회하고 있으나, 가결률에서는 정부입법이 일관되게 의원입법보다 높은 수준을 유지하고 있다[49].

이는 법률안을 발의하는 주체에 따라 해당 입법안의 국회 통과 가능성과 입법 이후의 실효성에서 뚜렷한 차이가 발생할 수 있음을 시사한다. 특히 지방의회법과 같이 새로운 법률을 제정하는 과정에서는, 그 법안을 누가 발의하느냐에 따라 입법의 성사 가능성뿐 아니라 전체 절차의 효율성과 추진력에도 상당한 차이가 발생할 수 있다.

정부가 법률안을 발의하는 경우, 이는 단순히 행정부의 의견을 제시하는 수준을 넘어, 정부 전체와 집권 여당이 해당 법안의 제정 또는 개정을 정책적으로 강력히 추진하고자 하는 의지를 갖고 있다는 점을 의미한다. 이러한 경우 법률안은 국무회의를 거쳐 대통령의 재가까지 받은 뒤

48) 법제처,「법제업무편람」, 법제처, 2025년, 3면.

49) 법제처,「의원입법 지원업무 편람」,법제처, 2024년, 8면.

국회에 제출되므로, 입법의 정당성과 절차적 정교함이 상대적으로 높게 평가된다. 뿐만 아니라 정부 발의 법안은 사전 단계에서 관계 부처 간 협의, 규제 심사, 법제처 심사, 입법예고 등의 과정을 거치기 때문에, 입법 내용의 완성도와 실현 가능성 측면에서도 우위에 있다.

반면, 국회의원 발의 법안은 비교적 신속하게 발의가 가능하다는 장점이 있으나, 실질적인 추진 동력이 부족하거나 정부와의 정책 조율이 미흡할 경우 국회 심의 과정에서 난항을 겪는 사례가 적지 않다. 특히 다수당의 입장이 엇갈리거나 정부와 국회의 입장이 충돌할 경우, 법률안의 통과 가능성은 현저히 낮아질 수 있다.

따라서 지방의회법과 같은 제정 법률의 경우, 입법의 실효성과 정책 반영 가능성을 극대화하기 위해서는 정부가 직접 법률안을 발의하는 방식이 가장 효과적이고 현실적인 대안으로 평가될 수 있다. 이는 지방의회법이 단순한 제도 개선을 넘어 지방자치의 실질적 강화를 위한 핵심 기반이 되는 법률이기 때문에, 국가 차원의 정책적 의지와 일관된 추진 체계가 뒷받침되어야 함을 의미한다.

하지만 지금까지의 정부 태도를 고려했을 때, 정부가 지방자치 제도의 발전을 위해 일관되고 적극적인 입장을 취해왔다고 평가하기는 어렵다. 예를 들어, 지방의회의 권한 강화나 독립성 확보와 관련된 제도 개선 요구는 꾸준히 제기되어 왔음에도 불구하고, 정부는 이를 제도화하거나 법제화하는 데 소극적인 태도를 보여왔다.

특히 지방의회의 인사권 독립, 정책지원 전문인력 확충, 자치입법권의 실질적 보장 등과 같은 핵심 과제들에 대해 정부 차원의 선제적 입법 추진이나 명확한 로드맵이 제시된 바는 거의 없다. 또한 30여 년에 걸친 지방자치의 역사 속에서도 지방의회 관련 법률은 여전히 개별 조항으로 산발적으로 존재할 뿐, 종합적이고 체계적인 법률로서의 '지방의회법'은 제정되지 못한 상태다. 이는 정부가 지방의회에 대한 제도적 기반 마련을 핵심 국정 과제로 인식하지 않았거나, 적어도 정책 우선순위에서 밀려나 있었음을 보여주는 방증이라 할 수 있다. 더 나아가, 정부가 발의한 지방자치 관련 법률안들조차도 대부분 행정적 효율성이나 관리 중심의 접근에 머물러, 실질적인 지방의회 역량 강화보다는 통제와 조정의 측면에 더 무게를 두고 있다고 보여진다. 이러한 점들을 종합해볼 때, 지방의회법 제정을 정부 주도로 추진하는 것이 가장 이상적이고 효율적인 방식으로 보일 수는 있으나, 현실적으로는 정부의 인식 전환과 정책적 우선순위의 재조정이 선행되지 않는 한, 실제 입법 추진으로 이어지기는 쉽지 않을 것이라는 우려도 함께 제기된다.

결국 지방의회법 제정 여부는 정부가 지방자치에 대해 어떠한 관점과 태도를 갖고 있느냐에 따라 결정될 가능성이 크다. 정부가 지방자치의 본질적 가치와 필요성을 분명히 인식하고, 지방의회의 실질적 권한 강화와 제도적 기반 마련을 국가적 과제로 설정할 때에 비로소, 지방의회법 제정은 실현 가능한 입법 과제로 부상할 수 있다. 특히 지방의회를 단순한 견제 기구가 아닌, 지역 주민의 의사를 대변하고 지방 행정을 민주적으로 감시하는 자율적 주체로 인식하며, 이에 상응하는 제도적 지원과 법적 체계를 마련하려는 정책적 의지를 정부가 명확히 할 때, 지방의회법 제정은 구호에 그치지 않고 실질적인 입법 성과로 이어질 수 있을 것이다.

2. 의원 입법 방식에 따른 지방의회법 제정 추진

(1) 의원 입법의 기능적 가치

의원입법은 정부입법과는 다른 고유한 역할과 기능을 수행한다. 특히 정부가 입법을 담당해야 할 사안임에도 불구하고, 정부와 국회 간에 입장 차이가 발생하고 그 조율이 쉽지 않은 경우, 특히 사안이 복잡하거나 사회적 오해를 유발할 수 있는 성격을 지닐 경우에는, 시간적 낭비를 최

소화하고 정책적 · 재정적 측면에서도 효율적인 대응을 위해 의원입법을 통해 문제를 해결하는 것이 더 적절할 수 있다. 또한 국민의 윤리 의식, 도덕적 판단, 감정 등의 민감한 문제나, 사회적으로 의견이 크게 나뉘는 이슈에 대해서는 국민의 대표로 구성된 국회가 판단을 내리는 것이 더욱 바람직하다고 본다.

이러한 사안들은 정부가 행정적 중립성을 유지해야 하는 특성상 직접적으로 다루기 어려운 경우가 많기 때문에, 다양한 사회적 이해와 특수한 상황을 법제도 안에 반영하기 위해서는 의원입법이 더 효과적인 수단이 될 수 있다. 행정부는 그 성격상 획일성과 중립성을 기반으로 운영되기 때문에, 특수한 사회적 요구나 일부 계층의 이익을 제도적으로 수용하는 데에는 한계가 있다. 따라서 의원입법은 이러한 한계를 보완하여, 사회의 다양한 요구와 상황을 정책적으로 판단하고 이를 입법화하는 데 중요한 역할을 담당한다[50].

국회의원의 법안 발의는 소속 정당의 입법 경로를 통해 이루어지므로, 여당과 야당 간 정책적 입장 차이를 국민이 국회 내 공개적인 토론을 통해 인식하고 비교할 수 있는 장을 제공한다. 아울러, 행정부가 독점적으로 보유하던 행정정보가 입법과정에서 공개됨으로써, 국민에게 전달되는 정보 채널로서의 역할도 수행한다.

특히 의원입법의 활성화는 다양한 이익집단 및 전문가 집단으로부터의 정보 유입을 가능하게 하며, 이와 함께 정부 또한 보다 적극적으로 자료를 제공하게 됨에 따라, 정책정보가 국회를 중심으로 효과적으로 수렴 · 활용되는 기반이 마련된다.

시민의 대표자인 국회의원들에게 정책 관련 정보가 집중되는 구조는 민주주의의 핵심 원리 측면에서 매우 바람직한 현상이라 할 수 있다.

국회가 이러한 정보를 일반 국민과 적극적으로 공유할수록, 행정부의

50) 박영도, "의원입법의 타당성, 효율성에 대한 검토와 개선방안",「공법연구」 제34집 제3호, 한국공법학회, 2006년 2월, 102~103면.

정보 접근성 및 투명성이 제고되며, 이는 다양한 정책 대안들이 국민의 선택에 맡겨지는 기반을 형성한다. 나아가 의원 주도의 입법활동은 정부 각 부처에 현재 사회가 직면한 정책 현안과 시민사회의 기대를 전달하는 중요한 전달 창구로 기능한다. 즉, 의원입법은 사회와 행정부를 연결하는 매개체로서, 다양한 사회적 수요를 행정체계에 반영할 수 있도록 하는 제도적 통로의 역할을 수행한다.

이처럼 의원입법 제도는 국민의 대표자인 국회의원이 사회 전반의 정보와 이해관계자의 요구를 수렴하여, 이를 의회 내에서 정책적 의제로 구체화함으로써, 각 정책이 공론을 통해 국민에게 투명하게 전달되고, 최종적으로는 그 결정 권한이 시민에게 귀속되도록 하는 의회의 본연의 기능을 충실히 수행할 수 있게 한다.

이러한 기능이 실효성 있게 작동할 때, 국회는 사회 각계의 이익을 조정 · 통합하는 민주적 조정 기제로서의 역량을 극대화할 수 있다[51].

(2) 의원발의 법안의 잠재적 제약 요소

앞서 설명한 의원 입법의 장점에도 불구하고, 현실에서는 정당의 영향력이 점차 강화되면서 국회의원들이 독립적으로 의정활동을 수행하기보다는 자신이 속한 정당의 정책 방향과 방침에 따라 활동하는 경향이 뚜렷해지고 있다. 특히 법률안을 발의하는 과정에서 국회의원 개개인의 신념이나 지역구의 요구보다는 정당이 설정한 당론에 따른 의원발의가 빈번하게 이루어지고 있다. 이러한 경향은 국회의원들이 자신의 정치적 철학이나 유권자의 요구를 바탕으로 한 입법 활동을 펼치는 대신, 당 차원에서 정해진 정책 기조에 따라 법안을 제출하는 방향으로 더욱 강화되고 있다.

51) 위의 논문, 108면.

이와 같은 변화는 의원 개인의 자율적인 입법 활동을 제한하게 되는 상황을 초래할 수 있으며, 법안의 내용이나 추진 속도에 있어서 당의 정책적 방향에 따른 제약을 받는 경우가 많다. 또한, 지역구 민심과 당의 방침이 충돌할 경우, 의원들이 자신의 입장을 정당의 방침과 조화롭게 맞추는 데 어려움을 겪게 된다.

이는 결국 입법 과정에서 다양한 의견을 충분히 반영하는 데 한계를 초래하며, 의원들이 지역구의 특수한 요구나 국민의 다양한 목소리를 제대로 담아내기 어려운 환경을 만들 수 있다.

의원입법은 국민의 다양한 요구와 사회적 목소리를 직접적으로 반영할 수 있다는 점에서 중요한 기능을 수행하지만, 그 과정에서 전문성이 부족하다는 점은 꾸준히 문제로 지적되어 왔다. 국회가 입법을 담당하는 핵심 기관임에도 불구하고, 현실적으로 많은 국회의원들이 법률안을 발의하는 과정에서 충분한 전문 지식이나 정책적 분석을 갖추지 못하는 경우가 많다. 이는 국회의원 개인의 역량 문제를 넘어, 입법을 지원하는 조직의 한계에서 기인하는 구조적인 문제로 볼 수 있다.

현대 사회는 기술의 급속한 발전과 사회 구조의 복잡화로 인해 입법 대상이 되는 정책 영역 역시 세분화되고 전문화되고 있다. 이러한 변화 속에서 법률안의 실효성을 확보하기 위해서는 고도의 전문성과 체계적인 정책 분석이 필요하지만, 국회의원 개인이 모든 분야에 대한 전문 지식을 갖추는 데는 현실적인 제약이 존재한다.

이를 보완하기 위해 국회 내에는 법제실이나 입법조사처와 같은 입법 지원 조직이 설치되어 있어, 의원들이 법안 작성과 검토 과정에서 일정 부분 도움을 받을 수 있도록 되어 있다.

특히 2007년 설립된 국회입법조사처는 보다 체계적인 정책 정보와 분석 자료를 제공하기 위한 기관으로 기능하고 있다.

그러나 이러한 조직들은 여전히 인력과 예산, 자료 접근성 등 여러 측면에서 한계를 안고 있으며, 행정부의 법제처나 각 부처의 정책 연구 기능과 비교했을 때 상대적으로 취약한 구조를 가지고 있다.

그 결과, 의원입법의 경우 법률안의 내용이 충분히 숙성되지 않거나 체계적인 검토 없이 발의되는 사례도 발생하고 있으며, 법률이 제정된 이후에 보완 입법이 필요한 경우도 적지 않다. 이는 입법의 완성도를 떨어뜨릴 뿐 아니라, 입법의 신뢰성과 정책 집행의 안정성에도 부정적인 영향을 미칠 수 있다.

의원입법의 경우, 충분한 예산 검토 없이 법률안이 발의되는 사례가 적지 않다.

이러한 경우 제정된 법률이 실제 집행 단계에서 국가 재정에 과도한 부담을 주게 되어, 법의 실질적인 시행이 어려워질 수 있다. 국회의원들이 법안을 추진할 때 예산상의 문제를 간과하거나 고려가 부족한 상황이 종종 발생하는데, 이는 행정부가 법률을 집행하는 과정에서 막대한 재정적 부담을 떠안게 하고, 결과적으로 정책 집행의 효율성을 저해하는 요인으로 작용한다. 이러한 재정적 한계는 입법의 실효성을 떨어뜨릴 뿐 아니라, 법률이 만들어졌음에도 불구하고 정책 목표가 달성되지 못하는 결과로 이어질 수 있다.

또한 입법 과정에서 국민 의견 수렴이 충분히 이루어지지 않는 문제도 함께 지적된다. 국민의 참여가 부족한 상태에서 법률이 제정될 경우, 법 시행 이후 국민들의 반발이나 혼란이 발생할 가능성이 높아지며, 이는 행정부에 대한 신뢰 저하로도 이어질 수 있다.

우리나라 국회법 제58조 제6항은 제정법률안과 전부개정법률안에 대해 공청회나 청문회를 개최해야 한다고 규정하고 있으나, 위원회의 의결로 이를 생략할 수 있도록 하고 있어 실제 개최 빈도는 높지 않다.

그 결과, 법률 제정 단계에서 사회적 합의가 부족하게 형성되고, 이는 집행 과정에서의 정책 저항으로 이어질 수 있다.

3. 국가와 지방 간 협력 거버넌스 구축을 위한 중앙지방협력회의의 활용

2022년 1월 13일 전면 개정되어 시행된「지방자치법」제186조는 국가와 지방자치단체 간의 협력 강화를 위한 제도적 장치를 마련하였다.

해당 조항에서는 지방자치 발전과 지역 간 균형발전에 관한 주요 정책을 심의하기 위해 '중앙지방협력회의'를 설치하도록 규정하고 있으며, 그 구성과 운영에 관한 구체적인 사항은 별도의 법률로 정하도록 명시하고 있다.

이에 따라「중앙지방협력회의법」이라는 별도의 법률이 제정되어, 중앙지방협력회의의 법적 근거와 운영체계가 독립적으로 마련되었다.

「중앙지방협력회의법」은「지방자치법」제186조에서 규정한 중앙지방협력회의의 구성 및 운영에 관한 사항을 명확히 하기 위해 제정된 법률이다. 이 법의 목적은 국가와 지방자치단체 간의 대등하고 협력적인 관계를 바탕으로 지방자치의 발전과 지역 간 균형발전 정책의 실효성을 제고하는 데 있다.

중앙지방협력회의는 국가와 지방 간 협력에 관한 전반적인 사항을 심의하는 기구로서, 국가와 지방자치단체의 권한 및 사무의 배분, 재정 및 재원에 관한 문제, 지역 간 균형발전, 지방자치단체의 재정과 세제에 영향을 미치는 국가정책 등 다양한 사안을 다룬다. 이 외에도 지방자치의 발전을 위해 필요한 사항 전반을 논의할 수 있는 기능을 가진다. 회의의 구성은 대통령을 의장으로 하며, 국무총리와 시 · 도지사협의회장이 공동부의장을 맡는다. 그 외에 관계 중앙행정기관의 장(예: 기획재정부, 교육부, 행정안전부 장관 등), 국무조정실장, 법제처장, 시 · 도지사, 지방 4대 협의체의 대표 등이 참여하여 중앙과 지방의 다양한 목소리를 반영하는 체계를 갖추고 있다[52].

52)「중앙지방협력회의의 구성 및 운영에 관한 법률」참조.

중앙지방협력회의에서 다루는 심의 사항은 지방의 행정과 재정에 중대한 영향을 미치는 핵심 정책들로, 그 범위 또한 매우 넓다. 이러한 사안들은 국무회의와 같은 기존의 정책 심의기구에서도 논의될 수 있지만, 지방자치단체의 의견을 직접 반영한다는 점에서 중앙지방협력회의의 존재는 특별한 의미를 가진다. 특히 지방 정책과 관련된 사항에 있어서는 중앙지방협력회의가 사실상 최고 수준의 심의기구로 기능한다고 볼 수 있다. 이 회의체는 중앙정부와 지방자치단체 간의 실질적인 소통과 협력을 위한 제도적 장치로, 기존에 중앙정부가 일방적으로 결정하던 지방 관련 정책결정 방식을 벗어나, 지방이 정책 과정에 직접 참여하고 상호 협력하는 방향으로 국정운영의 패러다임을 전환하려는 목적을 지니고 있다. 이는 지방자치의 실질적 실현과 지방분권 강화라는 측면에서도 매우 중요한 제도적 진전으로 평가될 수 있다[53].

중앙지방협력회의는 중앙정부와 지방자치단체 간의 협력을 촉진하고 정책을 조율하는 중요한 역할을 수행하는 기구로, 지방자치의 발전과 지역 간 균형발전을 위한 제도적 기반으로 기능하고 있다. 그러나 이 회의는 본질적으로 행정기관 중심으로 구성되고 운영되기 때문에, 지방의회의 권한 강화나 독립성 확보와 같은 입법기관의 역할 확대와는 일정한 거리를 두고 있는 것이 현실이다.

실제로 중앙지방협력회의의 구성원을 살펴보면, 대부분이 중앙행정기관의 장과 지방자치단체장 등 행정부 소속 인사들로 구성되어 있으며, 지방의회를 대표하는 인물은 대한민국시도의회의장협의회 회장과 대한민국시 · 군 · 자치구의회의장협의회 회장 단 두 명에 불과하다. 이는 지방의회가 지방자치의 한 축으로서 주민의 대표성과 자치입법 기능을 수행하고 있음에도 불구하고, 정책 심의와 협력의 장에서 지방의회의 참여가 매우 제한적이라는 점을 시사한다.

이러한 구조적 한계로 인해 중앙지방협력회의가 지방의회법안을 마련

53) 김수연, "중앙지방협력회의의 통치구조상 의미와 한계", 「공법학연구」제24권 제4호, 한국비교공법학회, 2023년, 109면.

하거나, 지방의회의 자율성과 전문성을 제도적으로 뒷받침하는 역할을 수행하는 것은 현실적으로 어려운 상황이다. 특히 지방의회법 제정과 같이 지방의회의 지위와 권한을 제도적으로 정립하고 강화하는 사안은 행정부 간 협의만으로는 충분히 다루기 어려운 영역이며, 의회 중심의 독립적인 논의 구조가 별도로 마련되어야 할 필요성이 있다.

따라서 지방의회의 실질적인 역할 확대와 자율성 보장을 위해서는 중앙지방협력회의와는 별도로, 지방의회의 목소리를 보다 직접적이고 체계적으로 반영할 수 있는 협의 구조를 마련할 필요가 있다. 현재의 중앙지방협력회의가 행정부 중심의 의사결정 구조로 운영되고 있는 현실을 감안할 때, 지방의회를 대변하는 독립적인 협의 기구를 추가적으로 구성하는 방안이 요구된다. 이를 통해 지방의회의 입장을 중앙정치 및 국정운영의 주요 논의에 반영할 수 있는 제도적 통로를 확보하고, 지방자치의 한 축으로서의 지방의회의 위상을 제고할 수 있을 것이다.

4. 국회-광역의회 간 정책 조정 협의체계 마련

지방자치단체는 법령의 범위 내에서 해당 단체의 사무와 관련된 조례를 제정할 수 있으며, 지방의회는 이러한 조례의 제정과 개정을 담당하는 자치입법기관이다. 이에 반해 국회는 국가 전체를 대상으로 법률을 제·개정하는 입법권을 행사한다. 양 기관은 각각 국가와 지방의 입법기능을 수행한다는 점에서 역할의 범위는 다르지만, 모두 국민 또는 주민에 의해 직접 선출된 의원들로 구성된 합의제 대의기관이라는 공통점을 지닌다.

또한 헌법에 근거한 공식적 기관으로서, 국회는 국가의 주요 정책과 법률을 결정하고, 지방의회는 지역의 주요 사안을 결정하며, 양자 모두 행정부에 대한 감시와 견제 기능을 수행한다는 점에서 유사한 구조와 기능을 가진다. 운영 측면에서도 국회의원과 지방의원의 임기가 동일하고, 선거 과정에서 정당 공천제가 적용된다는 점에서 제도적 유사성 역시 존재한다.

이러한 국회와 지방의회의 구조적 · 기능적 유사성을 고려할 때, 두 기관 간의 정책적 연계를 강화하기 위한 제도적 장치를 마련하는 것이 필요하다. 하나의 실질적인 방안으로, 국회의장과 각 광역의회의장이 참여하는 전담 협의체계를 구성하는 방안을 제시할 수 있다. 이 협의체는 입법기관 간의 수평적 협력 구조를 바탕으로 정기적인 논의를 가능하게 하며, 지방의회 운영, 자치입법권 강화, 지방자치 관련 제도 개선 등 다양한 현안에 대해 국회와 지방의회가 공동의 해법을 모색할 수 있는 통로가 될 수 있다. 특히 이와 같은 기구를 통해 중앙과 지방 입법기관 간의 정보 공유가 촉진되고, 지방자치 발전을 위한 입법적 지원이 보다 체계적으로 이루어질 수 있을 것이다.

다만, 우리나라의 지방자치 구조상 전국적으로 17개의 광역의회를 포함해 226개의 기초의회가 존재하며, 이들 모두를 포함한 협의체를 구성하는 것은 현실적으로 운영상 한계가 클 수밖에 없다. 참여자의 수가 과도하게 많아질 경우 실질적인 논의의 집중도가 떨어지고, 의사결정이 지연되는 문제가 발생할 수 있기 때문이다. 따라서 실효성을 확보하기 위해서는 국회의장을 의장으로 하고, 광역자치단체(17개 시 · 도) 의회 의장들로 협의체를 구성하는 방식이 보다 현실적이고 효율적일 것이다.

이와 같은 협의체는 일정한 주기로 정례회의를 개최하고, 지방의회 운영과 관련된 제도 개선, 입법적 과제, 자치입법권 강화 방안 등에 대해 논의하는 장으로 활용될 수 있다. 나아가 해당 협의체에서 논의된 사안들은 국회 상임위원회나 관련 부처에 전달되어 정책적으로 반영될 수 있도록 연계 체계를 구축함으로써, 지방의회의 실질적 권한 강화를 위한 제도적 기반을 마련하는 데 기여할 수 있다.

궁극적으로 이와 같은 협의체의 운영은 지방의회가 단지 집행기관을 견제하는 수준을 넘어, 자치입법기관으로서의 독립성과 기능을 보다 강화하는 방향으로 이어질 수 있으며, 중앙과 지방 간의 협력 구조 속에서 지방의회의 위상을 제도적으로 보장하는 데 중요한 역할을 할 수 있을 것이다.

5. 공청회 등 여론 수렴을 통한 지방의회법의 필요성 강조

국회는 입법 활동을 본질적인 기능으로 삼고 있으며, 실제로 이를 수행하고 있다. 그러나 이러한 기능 수행이 과연 기대에 부응하고 있는지에 대한 평가는 다양한 관점에서 이루어질 수 있다. 국민이 선출한 대표들이 모여 이성적인 토론과 논의를 통해 국민을 위한 최선의 선택이 무엇인지, 공익 실현을 위한 방안이 무엇인지를 숙의하는 장으로서 국회가 기능하는 것이 이상적일 것이다. 하지만 모든 이론이 현실에 적용되는 과정에서 일정한 간극이 발생하듯, 입법 과정 또한 이러한 이상과 현실 사이의 괴리를 피할 수는 없다.

이처럼 현실적인 한계를 극복하고 제도의 본래 취지를 실현해 나가기 위해서는 지속적인 제도 개선이 요구된다. 특히 입법 과정이 정당이나 정파의 이해관계에 치우쳐 공공의 이익을 위한 국가적 판단이 뒷전으로 밀리는 현상이 나타날 경우, 국민이 직접 입법 과정에 참여할 수 있는 방안을 확대하는 것이 중요하다. 이러한 맥락에서 주목할 수 있는 장치 중 하나가 바로 '공청회 제도'이다[54]. 국회법 제58조 제6항은 제정법률안 및 전부개정법률안에 대해 공청회 또는 청문회를 실시하도록 규정하고 있으며, 이는 입법의 신중함을 확보하고 다양한 이해관계자의 의견을 반영하기 위한 제도적 장치로서 중요한 기능을 한다.

특히 지방자치의 자율성과 독립성 강화를 핵심 내용으로 담고 있는

54) 허진성, "국회 입법과정에서 국민참여제도의 의의와 개선방향 – 공청회 및 청문회 제도를 중심으로 –", 「입법학연구」제14집 2회, 한국입법학회, 2017년, 97면.

‘지방의회법안’과 같은 경우, 이러한 절차를 통해 법안의 필요성과 타당성을 보다 분명히 하고, 관련 전문가 및 실무자들의 의견을 폭넓게 수렴하는 것이 필수적이다. 더 나아가 이러한 공론화 과정을 통해 지방의회의 권한 강화와 기능 확대에 대한 사회적 합의와 지지를 형성할 수 있는 토대를 마련할 수 있다.

하지만 공청회나 청문회와 같은 절차가 항상 긍정적인 효과만을 수반하는 것은 아니다. 이러한 절차는 입법 과정의 정당성과 투명성을 제고하는 데 기여할 수 있으나, 동시에 몇 가지 현실적인 한계를 안고 있다. 먼저, 공청회나 청문회 개최로 인해 입법 절차가 장기화될 수 있으며, 이에 따라 정책 결정을 신속하게 해야 하는 사안의 경우에는 비효율적인 결과를 초래할 수 있다.

특히 법안에 대한 반대 여론이 강하게 형성될 경우, 논의가 장기간 표류하거나 정치적 부담으로 인해 결국 입법이 무산되는 사례도 배제할 수 없다. 더욱이 국회 위원회가 내부 의결을 통해 공청회나 청문회 절차의 생략을 결정할 경우, 이를 제도적으로 강제하거나 제지할 수단이 없다는 점에서 법안 심의 과정에서 충분한 의견 수렴이 이루어지지 못할 가능성도 존재한다.

이러한 제도적 한계를 고려할 때, ‘지방의회법안’과 같이 새로운 제도를 도입하거나 기존 제도의 틀을 크게 바꾸는 입법안의 경우에는, 국회에 공식 발의되기 이전부터 그 필요성과 정당성을 널리 알리는 사전적 노력이 병행되어야 한다. 즉, 입법 절차가 시작되기 전 단계에서부터 지방의회법 제정의 당위성에 대한 사회적 이해를 높이고 공감대를 형성할 수 있는 방안이 마련되어야 한다.

이를 위해 학계, 시민사회, 지방의회 등 다양한 주체들이 참여하는 공청회, 토론회, 간담회 등의 형식을 통해 지방의회법의 취지와 필요성에 대한 논의를 활성화시키는 것이 중요하다.

이러한 자발적이고 선제적인 공론화 과정은 단순히 관심을 제고하는

데 그치지 않고, 법안이 국회에 정식으로 상정된 이후의 심의 절차에서도 긍정적인 영향을 미칠 수 있다. 나아가, 위원회의 판단에 따라 공청회나 청문회가 생략될 가능성을 사전에 낮추는 효과도 기대할 수 있으며, 보다 원활하고 실질적인 논의가 이루어지는 기반을 마련하는 데 기여할 것이다.

Ⅶ. 결 론

우리나라의 지방자치제도는 1948년 제정된 헌법에서 처음 규정되었으며, 현행 헌법 제8장(제117조 및 제118조)에서도 지방자치의 원칙과 지방의회 설치를 명시하고 있다. 1952년 처음으로 지방의회가 구성되었으나, 1961년「지방자치에 관한 임시조치법」시행으로 지방의회가 해산되고 단체장 임명제가 도입되었다. 이후 1991년 지방의회 선거 재개, 1995년 지방자치단체장 선거가 실시되며 현재의 지방자치 체제가 자리 잡았다. 지방자치단체는 광역(17개)과 기초(226개)로 구분되며, 모든 자치단체에 의결기관으로 지방의회가 설치되어 있다. 헌법 제118조는 지방의회 설치를 규정하며, 그 조직과 운영, 단체장 선출 등에 관한 사항은 법률로 정하도록 하고 있다.

지방의회는 지방자치단체의 의결기관으로서 조례의 제 · 개정 및 폐지, 예산 심의 · 확정, 기금 설치, 중요 재산과 공공시설의 취득 · 처분, 사용료 · 수수료 등의 부과 · 징수 등 다양한 권한을 행사하며, 지역 주민 전체의 이익을 대변하는 대표기관으로 기능한다. 선진 민주국가들의 지방자치 역사에서도 지방의회는 중요한 제도적 축으로 자리매김해 왔으며, 단체장을 견제하고 감시하는 기능을 통해 지방자치의 민주성과 책임성을 확보하는 데 기여해 왔다.

또한 주민투표제, 조례 제정 · 개폐 청구권, 주민감사청구, 주민소송,

주민소환제 등 다양한 주민 참여 제도를 통해 지방의회는 민주주의 실현의 중요한 기반으로 작용하고 있다.

1991년 지방의회가 부활한 이후 30여 년간 일정한 성과를 거두었지만, 여전히 지방의회가 주민 대표기관으로서 충분한 역할을 수행하고 있는지에 대해선 비판적 시각이 존재한다.

현행 「지방자치법」 제5장(제37조~제104조)에 지방의회 관련 규정이 포함되어 있으나, 독립성과 실질적 권한을 보장하기에는 한계가 있다는 지적이 꾸준히 제기되어 왔고, 이에 따라 별도의 「지방의회법」 제정 필요성이 대두되고 있다.

이러한 흐름에 따라 2018년 제20대 국회에서 처음으로 지방의회법안이 발의되었으며, 제21대와 제22대 국회에서도 추가로 총 7건의 법안이 제출되었다. 그러나 지금까지 발의된 8건 모두 국회의원 발의로, 정부 발의는 없었다. 정부 발의 법안의 국회 통과율이 높다는 점을 고려할 때, 실질적인 입법 가능성을 높이기 위해서는 정부 차원의 입법 추진이 필요하다는 지적이 나온다. 국회가 「국회법」이라는 독립 법률로 운영되는 것과 달리, 지방의회는 「지방자치법」 내 일부 조항에 의존하고 있어 독립성과 자율성이 부족한 상황이다. 현재 지방의회는 조직 구성권과 예산 편성권이 없어 운영의 자율성이 제한되고 있으며, 주민 대표기관으로서의 역할 수행에도 제약이 많다.

이에 따라 지방의회법 제정 시에는 지방의회의 조직권과 예산권을 명시적으로 보장함으로써 지방의회가 실질적으로 기능할 수 있는 제도적 기반을 마련해야 한다.

이를 위해 정부가 직접 지방의회법안을 발의하도록 유도할 필요가 있으며, 대한민국시도의회의장협의회와 같은 관련 기관이 중심이 되어 지방의회의 독립성과 자율성 강화를 위한 입법을 정부에 강력히 요구하는 전략이 필요하다.

지방의회법 제정 가능성을 높이기 위해서는 국회의 초당적 협력이 필

수적이다. 지금까지는 대부분 더불어민주당 소속 의원들이 지방의회법안을 주도해왔으나, 향후에는 국민의힘 등 야당과의 공동 발의를 통해 여야 간 협력 체계를 구축하는 노력이 필요하다.

새로운 제도의 도입에는 정치적 합의와 광범위한 지지가 요구되므로, 여야 의원들이 함께 법안을 발의하는 방식은 통과 가능성을 높이는 효과적인 전략이 될 수 있다.

또한, 법률 제정은 단순한 필요성만으로는 어렵기 때문에 정책적 · 사회적 요구가 함께 뒷받침되어야 한다. 이를 위해 지방의회법이 민주주의와 국민 생활에 미치는 중요성을 적극적으로 알리고, 공청회나 토론회를 통해 국민적 관심과 공감대를 이끌어내야 한다. 국회가 이러한 논의를 바탕으로 입법의 필요성을 인식하도록 유도하고, 지방의회법 제정의 당위성과 시급성을 지속적으로 강조하는 것이 중요하다.

지방의회법 제정은 단순히 지방의회의 권한을 확대하는 차원을 넘어, 지방자치제도의 구조적 전환을 위한 핵심 과제로 인식되어야 한다.

지방의회는 중앙정부 중심의 행정체계 속에서 여전히 부차적인 존재로 인식되고 있으며, 실질적인 권한과 자율성을 확보하지 못한 채 형식적인 운영에 머무르고 있다.

이러한 상황은 지방정부의 책임성과 대응력을 저해하고, 궁극적으로 주민 참여와 민주주의 발전에도 한계를 초래한다. 따라서 지방의회법은 지방의회의 독립적 입법 · 행정 기능을 제도적으로 보장함으로써, 중앙과 지방 간 권력 재배분을 실현하고, 지방정부의 책임정치를 가능하게 하는 촉매제가 되어야 한다. 아울러 지방의회의 투명성과 전문성을 강화할 수 있는 기준과 절차를 법률에 명확히 규정함으로써, 주민의 신뢰를 제고하고 지역사회의 실질적 자치 역량을 높이는 방향으로 나아가야 한다. 결국 지방의회법은 지방자치의 제도적 완성을 위한 마침표이자, 분권형 국가로의 이행을 위한 출발점이 될 수 있다.

정해권 그리고 나의 고향 인천

Jung Hai-kwon and My Hometown INCHEON

발　행 2025년 12월 4일 초판발행
저　자 정해권
발행인 석종환
교　정 박경선
발행처 도서출판 예림
등록번호 제1-2685호

Tel : 02) 921-6045
Fax : 02) 921-4524
E-mail : yaelim21c@hanmail.net
ISBN : 978-89-6475-205-0

정가 25,000원

※ 잘못된 책은 바꾸어 드립니다.